이런저런

이런저런

글 최미소 | **그림** 조에스더 | **감수** 김태훈 | **사진** shutterstock
펴낸날 2017년 5월 29일 초판 1쇄, 2019년 3월 28일 초판 4쇄
펴낸이 김상수 | **기획·편집** 위혜정, 서유진, 조유진 | **디자인** 문정선, 조은영 | **영업·마케팅** 황형석, 김송이
펴낸곳 루크하우스 | **주소** 서울시 성동구 아차산로 143 성수빌딩 208호 | **전화** 02)468-5057~8 | **팩스** 02)468-5051
출판등록 2010년 12월 15일 제2010-59호
www.lukhouse.com   cafe.naver.com/lukhouse

© 최미소 2017
저작권자의 동의 없이 무단 복제 및 전재를 금합니다.

ISBN 979-11-5568-303-3 74300
ISBN 979-11-5568-302-6 (세트)

※ 잘못된 책은 구입처에서 바꾸어 드립니다.
※ 값은 뒤표지에 있습니다.

상상의집은 (주)루크하우스의 아동출판 브랜드입니다.

차례

프롤로그 사자, 마녀 그리고 옷장 … 6

첫 번째 편지,
생존을 위한 옷

최초의 옷 … 12
바늘과 실의 등장 … 15
황허 강에서 시작된 누비옷 … 17
고대 이집트, 생존의 조건? … 18
살기 위해 필요한 것들 … 21

〈생각해 볼 거리〉 모피의 불편한 진실 … 24

두 번째 편지,
신분에 따른 옷

신의 대리자, 교황의 옷 … 28
말을 탄 기사와 갑옷 … 30
아무나 입을 수 없는 옷 … 33
하느님의 아들, 황제의 옷 … 35

〈생각해 볼 거리〉 프란치스코 교황의 특별한 옷 … 38

세 번째 편지,
과시를 위한 옷

르네상스, 인간이 입는 옷 … 42
마리 앙투아네트의 드레스 … 43
산업 혁명과 방적기 … 46
신사복과 창고에 쌓인 옷 … 50

〈생각해 볼 거리〉 의류 산업의 그림자 … 52

네 번째 편지,
산업이 된 옷

자본주의가 만든 의류 산업 … 56
샤넬, 여성의 욕망을 건드리다 … 58
디오르, 뉴룩의 시작 … 61
청바지, 젊음의 아이콘 … 63
빠르게, 더 빠르게 도는 옷 … 66

〈생각해 볼 거리〉 패션, 환경을 생각하다 … 68

다섯 번째 편지,
문화가 깃든 옷

웨딩드레스를 입은 여왕 … 72
슬픔을 달래는 옷 … 74
격식을 벗고 편안함을 입다 … 76
과거와 현재, 거리의 하이힐 … 77
한민족의 옷 … 80

〈생각해 볼 거리〉 히잡은 문화일까? 차별일까? … 82

여섯 번째 편지,
과학을 담은 옷

최초의 기능성 옷, 트렌치코트 … 86
새로운 시장, 스포츠 의류 … 87
에어, 운동화의 혁명 … 91
스타일까지 한번에! … 93

〈생각해 볼 거리〉 옷 하나로 세계 기록이 바뀌네? … 96

일곱 번째 편지,
직업을 나타내는 옷

경찰복에 담긴 의미 … 100
생명을 살리는 현장에서 … 102
안전하고 편안한 비행을 위해 … 103
몸을 보호해 주는 방패 … 106
회사의 이미지를 만들다 … 108

〈생각해 볼 거리〉 유니폼을 바꿔 주세요! … 110

에필로그 근사한 어른이 될 사자에게 … 112
참고 자료·사진 출처 … 116

사자, 마녀 그리고 옷장

 사자야, 안녕. 너는 정말 용감하고도 똑똑한 꼬마일 거야. 이제껏 이 편지를 발견한 건, 사자 너 말고는 한 명도 없었거든.

 혹시 누군가 실수로 껴 놓은 편지인가 의심하고 있니? 아니야, 바로 너! 지금 편지를 읽고 있는 네가 사자야. 내가 널 부르는 별명이지. 왜 그렇게 부르는지는 이따가 알려 줄게.

 아마 무척 당황스럽겠지? 자, 내가 누군지부터 말할게. 믿을지 모르겠지만 난…… 음…… 그러니까, 나는 옷이야. 물론 평범한 옷은 아니야. 나는 마녀의 저주에 걸려 옷이 되었으니까.

 어쩌다가 저주에 걸렸냐고? 그건 아주 사소한 문제였어. 고약한 마녀의 취향을 맞추지 못했거든.

 원래 난 잘나가는 재단사였어. 손놀림 하나로 손님의 마음을 사로잡을 정도였지. 내가 만든 옷이 마음에 안 든다는 손님은 한 번도 본 적 없었다고. 숲에 사는 다람쥐 부부까지 옷을 맞추게 할 정도로 솜씨가 뛰어났어. 자자한 소문을 마녀도 들었을 거야. 그래서 날 부른 거겠지.

 마녀가 보낸 마차를 타고 도착한 성은 뜻밖이었어. 으리으리한 모습을 기대했는데, 성이라고 하기에는 민망한 크기의 집 한 채가 있었지. (그래도 마녀가 사는 곳이니까 '성'이라고는 해 줘야지.)

날 부른 마녀는 이렇게 말했어.

"세상에서 가장 특별한 옷을 가져와라."

그야말로 식은 죽 먹기였지! 나는 마녀에게 이제껏 보지 못한 화려한 옷을 만들어 주기로 했어. 밤하늘처럼 새까만 천을 구해서 당장 가위질을 시작했지. 쓱쓱 자른 천에는 별보다 더 반짝이는 다이아몬드를 촘촘하게 붙였어. 마녀가 입을 옷인데, 까짓것 돈을 아껴서 뭐 하겠어? 최고로 비싼 재료를 듬뿍 썼지.

그런데 옷을 본 마녀가 길길이 날뛰면서 내게 저주를 퍼붓는 거야.

"건방진 녀석! 넌 앞으로 옷장 속에서 옷으로 살아야 할 거야. 날 우습게 여긴 대가지! 옷장 주인이 널 대신해서 특별한 옷을 찾는다면 모를까, 넌 영원히 그렇게 살 거다."

결국 난 저주에 걸려 옷이 된 채로 옷장에 살게 됐어. 옷장의 주인이 나 대신 답을 찾을 때까지 영영 그렇게 말이야…….

나는 수백 년 동안, 저주를 풀어 줄 옷장의 주인을 찾아다녔어. 세계 이곳저곳의 옷장을 수없이 옮겨 다녔지.

때로는 티셔츠로, 때로는 양말로 모습을 바꿔 가며 지냈어.

토끼가 그려진 양말에서 물방울무늬 티셔츠로 모습을 바꾸는 게 얼마나 힘든지 알아? 제대로 못하면 한동안 물방울무늬에 토끼 귀가 붙은 상태로 지내야 한다니까! 웬만해서는 그런 실수를 안 하는데…… 저번에 딱 한 번 그런 적이 있었지. 그때 네가 날 집어서 얼마나 놀랐다고. 날 버리지 않아 줘서 고마워.

대부분 옷장의 주인은 편지를 발견하기도 전에 날 버렸어. 주위에 널린 옷을 진지하게 대하는 사람은 없었지. 그러니 답을 찾기는커녕 말조차 걸 수 없었어. 그렇게 꼼짝없이 옷장 속에 갇혀 수백 년이 흘렀어. 저주를 풀 수 있을 거라는 희망도 희미해졌지. 그때, 사자 널 만난 거야!

아, 맞다. 내가 널 왜 '사자'라고 부르는지 알려 줄게. 네가 옷을 사러 가면 꼭 하는 말이 있잖아.

"일단 사 줘!"

네가 이 옷도, 저 옷도 몽땅 사 달라고 조르는 바람에 늘 가게 앞에서 큰 소리가 나지. 넌 더 사겠다고 하고, 부모님은 안 된다고 하고. 그래서 "무조건 사자!"를 외치는 무서운 '사자'라고 별명을 붙였어. 그럴듯하지? 아, 맹세하건대 널 놀리느라 그런 건 절대 아니야. 내 진짜 모습을 찾아 줄 유일한 꼬마인데 그럴 리 없지.

얼마 전, 티셔츠가 된 나를 입고 옷을 사러 갔던 날이 생각나네. 그날 네가 이 옷, 저 옷 사는 모습을 보면서 확신했지! 너처럼 옷을 좋아하는 꼬마라면 분명히 내 저주를 풀어 줄 수 있을 거라고. 내가 이번에는 옷장을 정말 제대로 골랐다고 말이야.

그래서 너한테 부탁하고 싶은 게 있어. 내가 옷 속에 넣어 둔 편지들을 읽어 주지 않을래? 편지를 읽으면 오늘처럼 깜짝 놀랄지도 몰라. 그동안 마녀의 답을 찾기 위해, 내가 너희 세계에서 찾아 헤맨 여러 옷에 대해 얘기할 거거든. 아마 마녀의 저주를 푸는 중요한 힌트가 될 거야.

내가 남긴 편지를 다 읽고 나면 답이 뭔지 알 수 있겠지. 첫 번째 편지는 너를 지켜 주는 옷 속에 넣어 두었어. 바로 노란색 비옷의 주머니 안이야.

수백 년 동안, 저주를 풀어 줄 사람을 기다려 왔어! 사자야, 부디 내 저주를 풀어 줘.

꼬마 사자의 옷장 속에서, 간절한 마음을 담아

첫 번째 편지,
생존을 위한 옷

　이번 편지에는 세상에서 가장 오래된 옷을 소개하려고 해. 사람들이 처음 옷을 입기 시작한 이유와도 관련이 있지.
　사자 넌 옷을 왜 입어? '멋져 보이고 싶어서'라고 답하려나? 요즘에는 그런 이유로 옷을 차려입는 경우가 많잖아. 하지만 아주 먼 옛날에는 옷을 입는 이유가 딱 하나였어. 바로 '살기 위해서'였지!
　비바람이 세차게 몰아치는 아주 추운 날, 집 밖에 나가야 하는데 걸칠 게 없다고 생각해 봐. 난감하지 않아? 어휴, 나까지 으슬으슬해지네! 사나운 호랑이가 널 공격하는데 맨몸이라면 어떨까? 상상만 해도 몸이 절로 움츠러드네.
　지금은 그럴 일이 없다고? 네가 노란색 비옷을 처음으로 입은 날 기억해? 그날 내가 비바람을 막아 주려고 얼마나 진땀을 뺐는데. 내 덕분에 사자 네가 쫄딱 젖지 않았다고. (물론 칭찬해 달라고 이 말을 하는 건 절대 아니야.)
　먼 옛날부터 지금까지, 사람들은 옷에 보호받고 있어. 너 또한 말이야.

최초의 옷

지금 너와 내가 생각을 나누는 것은 문자가 있어서야. 내가 워낙 똑똑해서, 사자 너희 나라의 문자를 쓸 수 있으니까.

하지만 아주 먼 옛날에는 문자가 없었어. 기록이 없기 때문에 과거 사람들이 어떤 옷을 입었는지 정확하게는 몰라. 대신 모습을 짐작할 수 있는 자료가 남아 있지. 바로 그 당시에 그려진 동굴 벽화야.

선사 시대*의 벽화를 자세히 들여다보면 동물을 사냥하는 모습을 볼 수 있어. 동물을 사냥해서 고기를 먹고, 남은 가죽으로 옷을 만들어 입은 거지.

....
* **선사 시대** 역사를 문자로 기록하기 전, 돌로 도구를 만들던 석기 시대와 청동으로 도구를 만들던 청동기 시대의 일부를 말한다. 청동기 시대에 들어와 문자가 발명되었다.

옷이라도 그리 근사한 건 아니야. 동물의 가죽을 몸에 둘렀을 뿐이거든. 그럴 만도 하지. 하루의 대부분을 먹을 것을 찾아다니는 데 써야 했으니까. 옷을 만들어 입을 여유가 있었겠니? 그런데도 사람들은 옷을 입기 시작했어. 지금처럼 멋을 부릴 필요도 없었을 텐데 말이야. 왜일까?

선사 시대, 특히 구석기 시대 사람들의 행동은 대부분 생존과 관련이 있어. 그때는 살아남는 게 가장 큰 목표였거든.

야생의 자연에서 사람과 동물 가운데 어느 쪽이 살아남기에 유리할까? 사람은 동물과 달리, 몸에 털이 거의 없어서 기온에 쉽게 영향을

받아. 특히 기온이 내려가는 밤이나 바람이 몰아치는 겨울에는 더욱 견디기 힘들어. 그래서 동물의 가죽을 빌린 거야.

사냥에 나가서 동물과 맞닥뜨렸을 때도 가죽은 큰 도움이 됐어. 동물의 공격을 맨몸으로 막을 때보다 상처를 적게 입었거든. 동물의 가죽을 몸에 걸친 뒤로 사람들은 생활하기가 한결 나아졌지. 살아남을 확률이 높아진 거야.

사자, 네가 입는 옷이 사람의 생명을 좌지우지할 수 있을까? 아마 없을걸. 그러니 구석기 시대 사람들이 걸친 가죽은 다소 엉성하지만 최초의 옷이라고 말할 수 있지.

바늘과 실의 등장

그래도 손질 없이 두른 가죽을 '옷'이라고 부르기에는 좀 어색하지? 그럼 신석기 시대의 사람들이 입은 것은 어떨까? 얼핏 보기에는 구석기 시대와 다를 게 없지만, 사실은 엄청나게 다르거든!

신석기 시대에 접어들면서 사람들은 커다란 변화를 맞이했어. 사냥이나 채집으로 배고픔을 해결하다가 농사를 짓기 시작한 거야. 보통 '농업 혁명'이라고 하지.

농업 혁명 전에는 먹을 것이 떨어지면 사는 곳을 여기저기 옮겨야 했어. 그런데 농사를 지으면서 안정적으로 식량을 얻게 됐어. 심지어 남은 식량을 모아 두게 됐지. 이제 사람들은 먹을 것을 구하기 위해 떠돌아다니는 대신 한곳에 머물러 살기 시작했어. 그러면서 인구도

점점 늘어났단다.

사람들의 생활이 크게 변하면서 옷을 입는 방식도 당연히 바뀌었어. 몸에 대충 걸치던 가죽이 모양을 갖추기 시작했지.

옷을 만들 때 필요한 게 뭘까? 바늘이지! 신석기 시대에도 바늘이 있었어. 지금처럼 쇠로 만든 것은 아니고 생선의 가시나 동물의 뼈를 갈아서 만들었지. 돌을 깨뜨려서 도구를 만들던 구석기 시대와 달리, 신석기 시대에는 쓰임새에 맞게 다듬고 갈아서 정교한 도구를 만들 수 있었거든.

바늘 가는 데 실이 빠질 수 있나. 신석기 사람들은 실도 만들 수 있었어. 가락바퀴를 이용해 식물에서 섬유를 뽑아내는 기술을 알아냈거든. 가락바퀴는 가운데 구멍이 뚫린 도넛 모양으로 생겼어. 구멍에 막대기를 끼운 뒤, 막대기를 돌려 섬유를 꼬아 실을 만들었지.

가락바퀴

대충 걸치던 가죽이 바늘과 실을 만나면서 비로소 모양을 갖추기 시작한 거야. 사자 네가 인정할 만한 '진짜 옷'이 신석기 시대에 탄생한 셈이지.

고작 바느질을 했느냐 안 했느냐의 차이일 뿐이라고? 다음에 소개할 옷을 보면 그런 말이 쏙 들어갈걸?

황허 강에서 시작된 누비옷

네가 무시하는 바느질의 가치를 증명해 줄 옷을 소개할게. 수천 년 전에 태어나 지금까지 전 세계를 누비고 있지.

아까도 말했지만, 농업 혁명을 이룬 뒤 많은 변화가 있었어. 사람들은 큰 강 주변에 모여서 마을을 이루고, 더 나아가 나라를 세웠지. 문명이 발달하기 시작한 거야. 세계에서 가장 오래된 문명지에 대해 들어 봤지? 모두 큰 강을 끼고 일어났잖아. 메소포타미아 지역의 티그리스 강과 유프라테스 강, 이집트의 나일 강, 카슈미르 지역*의 인더스 강, 중국의 황허 강 말이야. 그중에서 특히 따뜻한 옷이 필요한 지역이 있었어.

바로 황허 강 지역이야. 이곳에 살던 사람들은 건조하고 추운 기후 때문에, 체온을 유지할 수 있는 옷을 입어야 했어. 바느질로 옷을 더 따뜻하게 만들 수 있는 방법이 뭐가 있었을까? 솜을 넣어 누비는 거야.

고대 중국에서는 천과 천 사이에 솜을 넣어 줄이 죽죽 지게 바느질해서

누벼서 만든 버선

* **카슈미르 지역** 인도와 파키스탄의 경계에 있는 곳이다. 1947년, 인도와 파키스탄이 영국으로부터 독립한 이후 지금까지 종교 및 영토 문제로 분쟁을 겪고 있다.

누비옷을 만들었어. 이렇게 하면 공기 층이 생겨서, 솜을 그냥 채우는 것보다 보온성이 뛰어났거든. 바늘땀 덕분에 솜이 뭉치지도 않고 말이야.

누비옷은 고대 중국에서 시작해 세계 곳곳으로 퍼져 나갔어. 한반도에도 일찍부터 누비옷이 들어왔지. 1세기 초, 고구려·동예 등의 북쪽 지역에서 솜으로 누빈 옷을 입었다는 기록이 남아 있다고.

물론 누구나 누비옷을 입는 것은 아니었어. 한반도의 추운 기후로 인해 목화 농사가 잘되지 않았거든. 목화에서 나는 솜은 매우 귀해서 누비옷은 사치품에 속했지.

그러다가 고려 말에 문익점이 중국에서 개량된 목화씨를 들여왔어. 이후 조선 시대에 들어서면서 누비옷이 점차 퍼지게 되었지.

정말 대단하지 않니? 사람들이 매서운 겨울을 무사히 견딘 것도 다 누비옷 덕분이라니까.

고대 이집트, 생존의 조건?

그렇다면 추위가 없는 나라는 어떨까? 일 년 내내 따뜻한 곳이라면 여러 겹의 옷이 필요하지는 않겠지?

그래서일까? 나일 강에서 시작해 일찍이 화려한 문명을 이뤘던 고대 이집트 사람들의 옷차림은 다른 지역에 비하면 다소 단출했어. 밀을 재배해 빵을 굽고 벽돌로 집을 짓는 수준이었지만, 옷차림은 몸에 천 한 장을 두르는 게 전부였지.

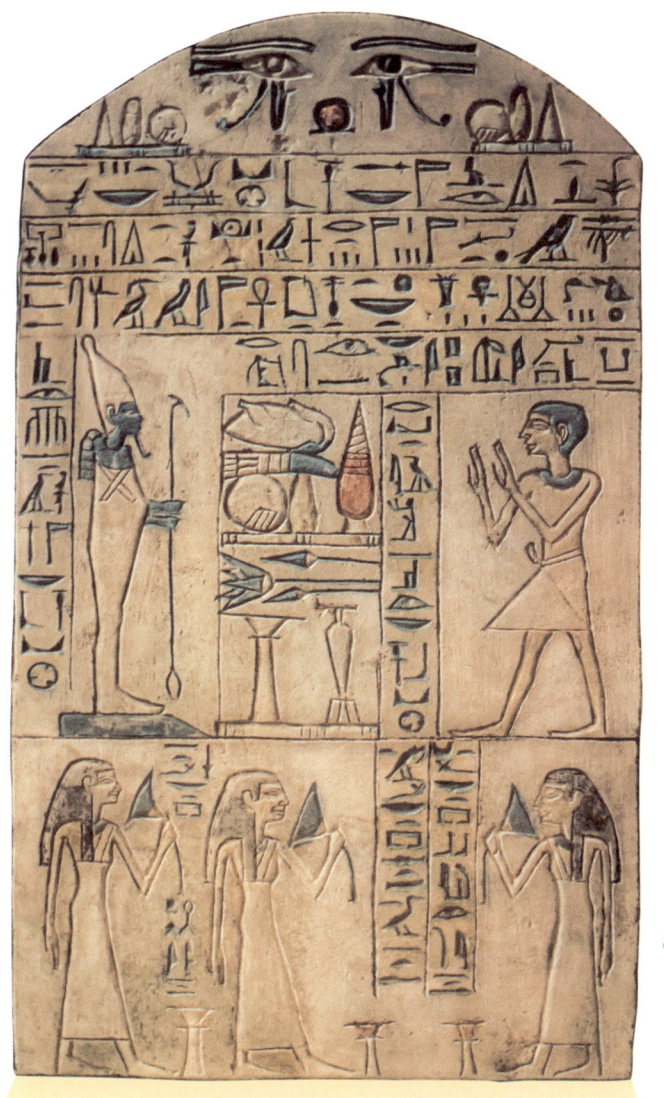

문자와 그림이 새겨진 고대 이집트의 돌판.
그 당시 옷차림을 엿볼 수 있다.

물론 천 한 장이라도 어떻게 감느냐에 따라 달랐어. 허리 아래를 천으로 두르고 띠로 고정하는 형태는 '로인클로스'라고 했어. 천으로 몸 전체를 휘감아 자연스럽게 주름이 생기는 형태는 '드레이퍼리'였지. 몸이 많이 드러나는 로인클로스는 노예 계급이, 치렁치렁한 드레이퍼리는 왕족이 주로 입었단다.

뜨거운 태양이 내리쬐는 이집트는 굉장히 덥고 건조했어. 날씨가 더울수록 옷차림은 간편해지기 마련이지. 너도 여름에는 반팔과 반바지를 입잖아? 고대 이집트 사람들도 마찬가지였어.

그러니까 고대 이집트에서는 옷이 발전 못한 게 아니라, 발전할 필요가 없었던 거야. 더운 기후 지역에 사는 사람들에게 겹겹의 복잡한 옷은 필요하지 않았으니까. 그걸 어떻게 아느냐고? 그야 다른 것들을 보면 금방 알 수 있지.

고대 이집트의 장신구는 워낙 유명하잖아. 금으로 만든 머리 장식, 목걸이와 팔찌 같은 것들 말이야. (물론 이런 장식품은 왕족만 쓸 수 있었지만.) 게다가 파피루스를 꼬아서 만든 신발은 어떻고? 이렇게 섬세한 솜씨를 가졌음에도 옷차림이 간단했던 것은 기후의 영향을 받았기 때문이지.

살기 위해 필요한 것들

기후 조건이 생각보다 옷차림에 많은 영향을 미치지? 똑같이 살기 위한 옷차림인데도 고대 중국에서는 솜을 누벼 입었고, 고대 이집트에서는 간단하게 천을 두를 뿐이었잖아. 비슷한 이유로 옷차림이 발달한 나라를 몇 군데 더 돌아보자.

우선 베트남이 어떨까. 베트남은 변덕스러운 날씨를 가진 지역이야. 이글이글 햇볕이 내리쬐다가도, 하늘에 구멍이 난 듯 비가 쏟아지기도 하지. 그래서 베트남 사람들은 뜨거운 볕과 시시때때로 내리는 비를 모두 막을 수 있는 모자를 써. 그게 뭐냐고? '농'이야.

농은 원뿔 모양으로 생겼어. 아랫부분이 넓어서 얼굴뿐 아니라 목까지 햇볕을 막아 주지. 물이 잘 스며들지 않는 야자나무 잎으로 만들어서 비가 올 때는 우산처럼 쓸 수 있어. 더운 날에는 바람을 일으켜 부채로 쓰기도 해.

베트남 사람들은 농을 청동기 시대부터 썼다고 해. 쩐 왕조가 들어선 13세기 이후, 농이 크게 유행하면서 전통 모자로 자리 잡았지. 기후에 맞춰 적당한 형태의 모자가 필요했던 거지.

이번에는 러시아에 가 볼까? 칼바람이 부는 러시아에 비하면 한반도의 추위는 장난 수준이지. 러시아는 일 년 중 절반 동안 눈이 내릴 정도로 추운 지역이야.

추운 날씨에 체온을 유지하려면 머리와 몸통을 감싸는 게 무엇보다 중요해. 갑자기 찬 공기를 쐬면 머리의 혈관이 오그라들면서 생명이 위험할 수도 있거든. 그래서 러시아 사람들은 동물의 털로 만든 모자인 '샤프카'를 쓰고 다녔지.

러시아 말고도 엄청나게 추운 지역이 또 있어. 바로 북극 지방이야. 알래스카, 그린란드, 시베리아 등의 북극 지방에는 이누이트 족이 살아.

이누이트 족은 매서운 추위에 살아남기 위해 바다표범이나 순록의 가죽으로 만든 '아노락'을 입었어. 주위에서 흔히 볼 수 있는 동물의 가죽으로 옷을 만든 거지. 아노락의 안쪽은 털로 되어 있고, 머리를 덮는 모자가 달려 있어 매우 따뜻하지. 바깥쪽에는 가죽을 덧대어 눈이나 비에 젖지 않도록 만들었어. 아노락 덕분에 이누이트 족은 영하 40℃의 엄청난 추위 속에도 거뜬히 생활할 수 있지.

조상님들이 입던 여러 옷을 보니까 어때? 정말 대단하지 않아? 처음에는 몸을 가리는 가죽일 뿐이었는데 시간이 지나면서 점점 상황에 맞게 형태를 갖추었잖아.

자, 그럼 두 번째 편지는 어디 있게? 이번에도 편지의 내용과 관련된 옷 속에 있어. 학교에서 〈백설 공주〉 연극을 했을 때 입었던 옷의 주머니 말이야. 다음에는 아무나 입을 수 없는 옷에 대해 얘기할 거거든.

모피의 불편한 진실

　고대 사람들이 생존을 위해 입던 모피(털가죽)는 시간이 지날수록 비싼 값에 거래되기 시작했어요. 매서운 추위도 모피를 입으면 너끈히 견딜 수 있었으니까요. 찾는 사람들이 많아지면서 모피는 점점 귀해졌어요. 고대 로마 제국의 황제 마르쿠스 아우렐리우스는 모피에 세금을 매겨 소비를 막으려 할 정도였지요.

　중세 시대 유럽에서 모피는 최고의 사치품 가운데 하나였어요. 모피가 부족해지자 유럽 사람들은 다른 지역으로 건너가 모피를 얻었어요. 동서양의 문물이 활발히 거래되던 시기, 모피를 얻을 수 있는 동물이 많은 시베리아 지역까지 '모피의 길'이 형성될 정도였지요.

　사람들은 추위로부터 생명을 지키는 데에서 더 나아가 자신의 부를 과시하는 하나의 도구로 모피를 입었어요. 오늘날은 멋을 내기 위한 패션 아이템으로 모피를 입지요.

　이렇게 마음껏 모피를 소비하는 동안, 동물들에게는 무슨 일이 벌어졌을까요? 모피를 얻으려고 동물을 마구 잡아들이면서 몇몇 종은 멸종 위기에 처했어요. 그중 하나가 바로 비버예요.

　북아메리카 대륙에서 비버는 모피를 얻을 수 있으면서도 비교적 잡기 쉬워서 좋은 사냥감이었어요. 하지만 비버는 번식률이 낮아서 금세

생각해 볼 거리

 멸종 위기를 맞았지요. 결국 19세기 초, 태평양 연안의 일부 지역에만 남게 돼요. 사람들이 '생존'을 위해 입은 모피가 거꾸로 비버의 '생존'을 위협하는 상황이 벌어진 거예요.

 이렇게 비버를 비롯해 여러 동물이 멸종 위기에 처하면서 사람들의 생각이 점차 달라졌어요. 1980년대 후반부터 동물 보호 운동이 시작되었고, 세계 모피 산업의 규모는 갈수록 줄어들었지요. 모피 대신 인조 가죽을 이용하는 이른바 '비건 패션'이 주목받기도 했어요.

 하지만 지금도 많은 동물이 모피 때문에 죽임을 당해요. 모피를 만드는 데 얼마나 많은 동물이 희생되는 줄 아나요? 모피 조끼 한 벌을 만들기 위해서는 토끼 수십 마리의 가죽이 필요해요. 우리는 수많은 동물의 생명을 희생시켜 모피를 입는 것이지요.

 매서운 칼바람이 몰아치는 지역에 사는 이누이트 족은 아노락을 단 한 벌만 가지고 있다고 해요. 그리고 죽을 때가 되면 아노락을 가족에게 물려주지요. 아마 이누이트 족은 아노락에 담긴 생명의 무거움을 잘 알고 있는 게 아닐까요?

두 번째 편지,
신분에 따른 옷

사자야, 지난번 편지는 잘 읽었니? 이번에는 네가 〈백설 공주〉 속 등장인물이 되었을 때 입었던, 아무나 입을 수 없는 옷을 소개하려고 해.

반 친구들과 함께 〈백설 공주〉 연극을 열었던 적이 있잖아? 그때를 한번 떠올려 봐. 각자 맡은 역할에 맞게 옷을 준비해야 했지. 백설 공주는 예쁜 드레스와 머리 장식을, 왕자는 멋진 망토와 화려한 검을 말이야. 백설 공주를 괴롭히는 계모도 왕비이니까 드레스와 왕관이 필요했어. 모두 옷을 잘 차려입으니 굳이 설명하지 않아도 어떤 역할을 맡았는지 알 수 있었지.

중세 시대 사람들이 입던 옷이 바로 그랬어. 중세에 들어서면서 타고난 신분이 무척 중요해졌거든. 물론 고대 이집트 같은 경우, 노예가 있긴 했지만 중세의 신분제는 그보다 훨씬 세분화된 형태였지. 이제 사람들은 옷차림 그 자체로 신분을 증명하길 원했어. 높은 신분의 사람들은 지위를 뽐내기 위해 더욱 눈에 띄는 옷을 입었단다.

신의 대리자, 교황의 옷

중세 시대의 가장 높은 신분을 꼽자면 성직자를 빼놓을 수 없어. 특히 교황의 권위와 지위는 매우 높았지. 오늘날의 교황은 가톨릭교를 이끄는 종교적 지도자일 뿐이지만, 그 당시에는 달랐어. 한 나라의 왕과 어깨를 나란히 하는 존재였거든.

어떻게 그럴 수 있었냐고? 그때의 사회는 신을 중심으로 돌아갔거든. 인간은 신에 의해 만들어진 존재로, 감히 신에게 도전할 수 없다고 생각했어. 사람들은 신이 정해 준 운명에 따라 살아갔지.

만약 사자 네가 사회에서 가장 낮은 신분으로 태어나서, 신분이 낮다는 이유만으로 많은 일을 금지당하면 어떨까? 입고 싶은 옷을 입지 못한다면? 엄청 억울하고 못마땅할 거야. 어쩌면 신분을 만든 사람을 찾아가서 싸우고 싶을지도······.

그런데 그 신분을 신이 정한 거라면 어떨까? 이 세상을 만들고 사람을 태어나게 한 신이라는 존재가 만들었다면? 신분을 바꿀 수 있다는 생각이 들까? 아마 그대로 받아들일 수밖에 없을 거야. 전지전능한 존재가 정한 것을 감히 사람이 어떻게 바꿀 수 있겠어?

결국 중세 신분 사회가 유지될 수 있었던 건, 신이 존재한다는 굳건한 믿음 덕분이었어. 이런 상황에서 교황은 특별한 존재가 될 수밖에 없었지. 신과 가장 가까이 있으면서 신을 대리할 수 있는 존재! 사

람들은 교황에게서 두려움과 존경심을 함께 느꼈어.

하지만 시간이 흐르면서 교황은 사람들의 그런 마음을 이용해 잇속을 채우기 시작했어. '면벌부' 또는 '면죄부'라는 말을 들어 본 적 있니? 잘못을 저질렀지만 용서받을 기회를 줄 때, 흔히 '면죄부를 준다'고 하잖아? 이 표현은 중세 시대에서 비롯된 거야. 중세 시대가 끝나 갈 때쯤 교회가 사람들에게 재물을 받고 발행해 주었던 일종의 천국행 티켓이 바로 면벌부였거든. 그걸 사면 진짜로 천국에 갈 수 있냐고? 물론 아니지. 교회가 돈을 모으기 위해 사람들에게 거짓으로 면벌부를 판 거지.

그렇게 챙긴 돈으로 성직자들은 호화로운 생활을 했어. 교회에 돈이 쌓일수록 교황의 옷 또한 화려해졌지. 나중에는 옷뿐 아니라 소지품 하나까지도 금이나 보석으로 휘황찬란하게 장식할 정도였다니까. 옷장 속에 살던 내 귀에까지 교황을 불평하는 소리가 들릴 정도였으니 말 다했지.

교황의 옷은 마녀가 찾는 특별한 옷은 아닌 것 같아. 두려움과 존경심을 일으키던 옷이 어느 순간 사람들의 화를 불렀으니 말이야.

말을 탄 기사와 갑옷

교황의 옷 말고 특별한 옷을 찾자면…… 기사의 옷은 어떨까? 명예와 용기를 목숨보다 소중하게 여기며, 사람들을 지켜 주는 존재. 그런 기사가 입는 옷이라면 과연 특별하지 않을까?

기사는 중세 시대 유럽에서 탄생한 독특한 신분이었어. 그 이유는 기사들의 역할을 보면 금방 알 수 있을 거야.

중세 시대 유럽에는 봉건 제도가 존재했어. 봉건 제도가 뭐냐고? 왕이 영주들에게 땅에 대한 권리를 나누어 주어 그 지역을 다스리게 한 거야. 영주는 권리를 나누어 받는 대신 왕에게 충성을 다했지.

영주가 다스리는 지역을 안전하게 지키는 게 바로 기사였어. 기사는 오랜 시간에 걸쳐 훈련된 병력으로, 매우 명예로운 존재로 여겨졌지. 그래서일까? 그 당시 신분은 크게 성직자·귀족·농민으로 나뉘었는데, 기사는 귀족 계급에 속했지.

그런데 시간이 지나면서 기사들이 변하기 시작했어. 오로지 권위와 지위를 지키는 데만 신경을 썼지. 그러면서 자신들을 한눈에 알릴 수 있는 옷을 입고 다녔어. 특별함을 내세우기에 옷만큼 간편하고 효과적인 수단이 없거든. 기사들도 그 사실을 잘 알았던 거지.

자, 한번 떠올려 봐. 머리부

중세 유럽 사회의 성직자, 기사, 농민

터 발끝까지 철로 된 갑옷을 입은 기사를! 사실 갑옷은 싸움에 유리한 차림은 아니었어. 매우 무겁기 때문에 오히려 잽싸게 움직여야 하는 상황에서는 불리했지. 그런데도 기사들은 갑옷 입는 것을 멈추지 않았어. 처음에는 방어를 위해서였지만, 점점 과시를 위해서로 목적이 변해 갔지.

심지어 기사들은 쉽게 구할 수 없는 푸른색 옷감을 이용해서 자신들의 권위와 지위를 과시했어. 어느새 푸른색은 기사를 상징하는 색깔이 될 정도였지.

하지만 자신만만하던 기사도 위기를 맞게 돼. 면벌부 사건이 일어나기 훨씬 전인 1096년, 교황은 영향력을 더욱 넓히기 위해 십자군 전쟁을 시작했어. 신의 이름으로 성지인 예루살렘을 되찾겠다면서 말이지.

십자군 전쟁은 지겹도록 계속됐어. 무려 200년 가까이 수차례 싸웠지만 패배하고 말았지. 결국 교황의 권위는 땅에 떨어

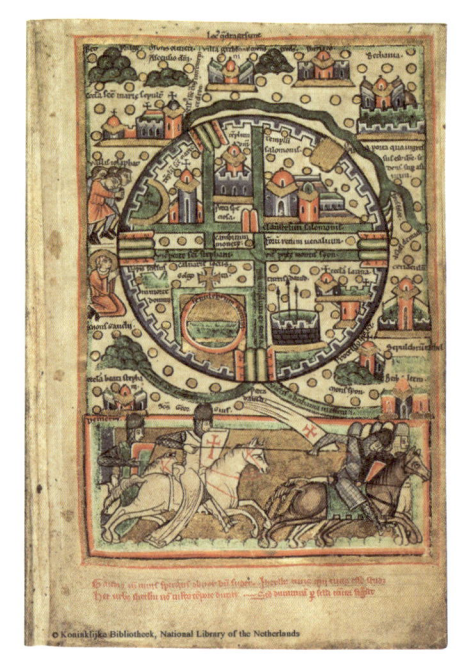

12세기경, 예루살렘과 십자군의 모습을 담은 그림

지고, 전쟁에 참여한 기사들은 어려움을 겪게 됐어.

이제 기사는 시대의 흐름에 뒤처진 사람들로 여겨지고, 그들이 입는 갑옷은 지난 시절의 유물이 되었지.

그런 상황을 잘 보여 주는 작품이 1605년에 세르반테스가 발표한 소설 『돈키호테』야. 주인공 돈키호테는 기사 이야기에 너무 빠진 나머지 스스로 기사가 되기로 결심해. 조상에게서 물려받은 녹슨 갑옷을 갖춰 입고, 삐쩍 마른 말 로시난테를 타고 길을 떠나지. 하지만 돈키호테는 사실 현실 감각이 없는 우스꽝스러운 모습으로 그려지지.

아무나 입을 수 없는 옷

이번에는 옛 한반도로 떠나 볼까? 아마 사자 너도 수업 시간에 들어 본 적 있을 거야. 고구려와 백제를 멸망시키고 삼국을 통일한 신라 말이야. 신라에도 신분 제도가 있었어. 바로 골품제야.

골품제는 총 8개의 신분으로 나뉘어 있었어. 왕족은 성골과 진골로, 귀족은 육두품·오두품·사두품으로, 평민은 삼두품·이두품·일두품으로 말이야. 신분에 따라 올라갈 수 있는 관직의 등급이 달랐고, 결혼도 같은 신분끼리만 할 수 있었지. 심지어 집이나 수레바퀴의 크기까지 일상의 많은 것이 제한되었어.

관등	1관등 ~ 5관등	6관등 ~ 9관등	10관등 ~ 11관등	12관등 ~ 17관등	
	진골	육두품	오두품	사두품	평민

옷차림 또한 말할 것도 없었지. 신라의 관직 등급은 17개로 나뉘었는데, 1관등부터 5관등까지는 자주색 관복을, 6관등부터 9관등까지는 비색* 관복을, 10관등과 11관등은 푸른색 관복을, 12관등부터 17관등까지는 노란색 관복을 입었지.

또한 여성의 경우에는 신분이 높을수록 화려한 옷과 장신구를 착용할 수 있었어. 신분이 낮으면 옷감조차 함부로 쓸 수 없었지. 무늬를 새긴 질 좋은 비단옷은 왕비만 입을 수 있었고, 평민 여성들은 베로 무늬 없는 옷을 만들어 입었어. 심지어 속옷의 옷감까지 정해져 있었다니까.

색깔 역시 마찬가지야. 적갈색 옷은 왕비만 입을 수 있었어. 진골은 주홍색 옷, 육두품은 비색 옷, 오두품은 짙은 자주색 옷이 허락되었지. 물론 사두품과 평민 여성은 이런 색의 옷을 입을 수 없었어.

* **비색** 옅은 붉은색을 말한다.

옷도 마음대로 못 입는다니, 너무하지 않니? 그렇지만 그 당시에는 신분에 따라 할 수 있는 것과 할 수 없는 것이 명확하게 정해져서 어쩔 수 없었어.

통일이 된 후에도 신라의 골품제는 유지되었어. 신분에 의해 활동이 제한되는 사회가 발전하는 데는 한계가 따르기 마련이지. 아무리 재주 있는 사람이라도 신분이 낮으면 능력을 펼칠 기회조차 없었으니까 말이야.

이렇게 골품제의 모순이 심각해지면서 통일 신라는 위기에 빠졌어. 육두품이 나서서 사회 변화를 꾀했지만, 결국 실패하면서 통일 신라는 역사 속으로 사라지고 말았지.

하느님의 아들, 황제의 옷

통일 신라 이후, 한반도에는 고려가 들어서며 다시 한 번 통일을 이루었어. 이웃 중국 대륙에서는 송나라에 이어 원나라가 멸망하고 명나라가 세워졌지.

중국의 황제는 하느님의 아들로 여겨지며 권력의 꼭대기에 있는 존재였어. 황제는 권위와 지위를 드러내기 위해 특별한 옷을 입었지.

얼마나 특별했냐고? 옷을 짓는 데만 무려 2년이 넘게 걸렸어. 솜씨

좋은 재단사 수백 명이 붙어서 꼬박 작업을 했는데도 말이야. 황제의 옷은 고운 비단에 가장 좋은 실로 수를 놓았어. 진짜 금으로 만든 실을 쓰기도 했지.

또한 아름다우면서도 상징적인 장식들로 꾸몄는데, 용과 봉황 무늬는 오직 황제에게만 허락됐어. 황제가 아닌 사람이 옷에 이런 무늬를 새겼다가는 목숨을 유지하기 힘들었지.

1368년에 명나라를 세운 주원장은 그런 제약을 이용해 눈에 거슬리는 세력을 제거했어. 나라를 세우는 데 큰 공을 세운 신하 요영충의 힘이 점차 커지자, 황제에게만 허락된 용무늬 옷을 입었다는 핑계를 대며 죽인 거야.

무늬뿐 아니라 황제만 쓸 수 있는 색깔도 따로 있었어. 바로 노란색이야. 당나라로부터 시작된 이 관례는 명나라에 이어 청나라 때까지 존재했지. 그래서 조선의 임금들이 붉은색 곤룡포를 입은 거야. 오랫동안 중국을 형님 나라라 여기며 관계를 맺어 왔으니까 말이야.

1873년에 발표된 쥘 베른의 소설 『80일간의 세계 일주』에도 노란색은 황제의 색이라는 사실이 잘 드러나는 장면이 나와. 홍콩에 도착한 주인공 일행은 유독 노인들만 노란색 옷을 입고 있는 걸 이상히 여겨. 그 이유를 묻자, 한 이발사가 이렇게 설명하지. 예로부터 노란색은 황제만 입을 수 있는 고귀한 색깔로, 80살이 넘어야 비로소 노란색 옷을 입을 자격이 주어진다고 말이야.

아무나 입을 수 없는 귀한 옷이라기에 기대했는데……. 높은 신분의 사람들이 입는 옷도 마녀가 말한 특별한 옷은 아닌 것 같아.

다음 편지는 피아노 콩쿠르에 나갈 때 입었던 옷에 있어.

프란치스코 교황의 특별한 옷

중세 사회에서 교황은 나라의 통치를 겸하거나 통치자를 임명할 권한이 있을 정도로 정치적 영향력이 상당했어요. 오늘날의 교황은 가톨릭교를 대표하는 지도자 역할만 할 뿐이지요.

교황은 이탈리아 로마 시 안에 있는 독립된 도시 국가, 바티칸 시국에 머물며 추기경들의 선거를 통해 뽑혀요. 온전히 성직자 신분인 교황은 평소에는 챙이 없는 작은 모자 '주케토'를 쓰고 하얀 '수단'을 입지요. 가톨릭교에서 흰색은 세상을 비추는 빛을 상징하며, 오직 교황에게만 허락돼요. 미사가 있을 때는 특별히 붉은색 망토, '샤쥐블'을 차려입기도 하지요.

2013년 3월, 제266대 교황인 프란치스코의 즉위 미사가 열렸어요. 사람들은 새로운 교황이 즉위 미사에 어떤 모습으로 나타날지 무척 궁금했지요. 즉위 미사 당일, 성 베드로 광장에 나타난 프란치스코 교황의 모습은 가히 파격적이었어요.

프란치스코 교황은 그동안의 관례를 깨고 지극히 수수한 옷차림으로 등장했어요. 레이스 장식조차 없는 하얀 수단을 입고, 자신이 20년 넘게 써 온 은으로 된 십자가 목걸이를 걸었지요. 보통 교황은 금으로 된 십자가 목걸이를 착용하는데 말이에요. 교황에게 옥새나 다름없는 '어

생각해 볼 거리

부의 반지'도 기존과 달랐어요. 어부의 반지는 원래 금으로 만드는데 도금한 은반지를 선택했거든요.

게다가 프란치스코 교황은 가끔씩 일반 사제들이 입는 옷을 입고 거리의 사람들을 만나기도 했어요. 이전의 교황들과 달리, 권위를 내려놓고 사람들에게 가까이 다가가려고 노력하는 행보는 깊은 인상을 남겼지요.

2013년, 미국의 패션 잡지 〈에스콰이어〉는 프란치스코 교황을 '옷을 가장 잘 입는 남성'으로 뽑았어요. 또한 시사 잡지 〈타임〉에서 '올해의 인물'로 선정되기도 했지요. 〈타임〉의 편집장은 프란치스코 교황을 선정한 이유에 대해 이렇게 밝혔어요.

"프란치스코 교황은 교황의 자리를 궁전에서 거리로 옮겼고, 세상에서 가장 큰 교회를 가난한 이들과 만나게 했으며, 정의와 자비의 균형을 맞췄다."

프란치스코 교황의 행보는 우리 시대 교황의 역할에 대해 생각해 보게 해요. 교황이 세상에 전파하는 선한 영향력은 신자뿐 아니라 신을 믿지 않는 사람들의 마음에도 커다란 울림을 주고 있지요.

세 번째 편지,
과시를 위한 옷

짜잔! 이 옷을 보니 네가 고사리손으로 피아노를 배우던 때가 생각나네. 순식간에 체르니 100번을 떼고 콩쿠르에 나가는 널 보고 피아노 신동인 줄 알았다니까!

콩쿠르 날, 이 옷을 차려입은 모습은 정말 멋졌어. 물론 네게는 떠올리고 싶지 않은 기억일 수도 있겠다. 넌 뜨거운 조명 아래서 땀을 뻘뻘 흘리느라 실수한 거라고 투덜댔지만, 내 귀에는 네 연주가 최고였어. 무대를 망쳐서 속상한데, 왜 기억을 또 끄집어내냐고? 미안해. 그럼 이제 옷 이야기를 해 볼까?

콩쿠르 무대를 위해 마련한 옷은 특별히 더 화려했어. 하지만 이런 옷을 평소에도 입고 다녔던 사람들이 있어. 바로 중세 시대 후기에 살던 사람들이야. 견고했던 신분제 사회가 십자군 전쟁을 거치면서 무너지기 시작했잖아. 점차 사회는 신분이 아니라 사람들이 쌓은 부에 따라 나뉘었지. 사회적 지위가 전과 달라진 사람들은 뽐내기 위해 더욱 화려한 옷을 입고 다녔어.

르네상스, 인간이 입는 옷

중세 시대 후기에 이르면서, 사람들은 옷에 개인적인 욕망을 담기 시작했어. 이런 흐름은 사회의 변화와 관련 있었지.

신이 중심이던 중세 사회는 변화를 맞게 됐어. 사람들이 갈수록 신의 존재에 대해 고민하기 시작했거든. 교황을 비롯한 성직자들이 스스로 무너지는 모습을 보면서 다들 비슷한 생각을 했던 거지. 내가 교황의 옷이 특별하지 않다고 깨달은 것처럼 말이야.

이런 의문으로부터 르네상스 운동이 시작되었어. '르네상스'라는 말은 이탈리아 어로 재생이나 부활을 뜻해. 신과 교회가 우선이었던 시대를 암흑기로 보고, 그 이전인 고대 그리스와 로마로 돌아가 인간에 대한 재발견을 하자는 뜻에서 이름을 붙인 거지. 이탈리아에서 처음 시작된 이 운동은 점차 유럽 전체로 퍼져 나가기 시작했단다.

사람들은 신의 그림자에서 해방되기 위해 여러 방면으로 노력했어. 그 영향이 옷에도 스며든 거지. 인간의 욕망이 반영된 옷은 갈수록 화려해졌어.

특히 내가 제일 좋아한 건 '러프'였어. 장식용 옷깃과 비슷한데, 주름을 풍성하게 만들어 훨씬 화려했지. 목둘레를 감싼 러프는 얼굴을 더욱 돋보이게 해 주었어.

사자 너도 그 당시 사람들의 초상화를 통해 한 번쯤 본 적이 있을 거야. 풀을 먹여 주름을 잡은 높고 둥근 러프를. 이제껏 억눌려 있다가 활기차게 일어선 인간의 모습을 그대로 드러내는 것 같아서 특히 마음에 들었지.

유행이 번지면서 러프는 더 화려하게 변했어. 특히 크기가 점점 커져서 지금 보면 우스꽝스러울 정도로 거대한 것을 달고 다니는 사람도 있었어. 물론 나중에는 어깨를 덮는 적당한 크기로 돌아왔지만 말이야.

르네상스 시대에 유행한 러프

마리 앙투아네트의 드레스

이렇게 화려하고 멋진 옷을 입고 혼자만 감상하면 아무 의미가 없지. 사람들은 옷을 뽐내기 위해 주로 무도회에 갔어. 그곳에서 서로 입은 옷을 보며 부와 지위를 가늠하기에 바빴지. 어떻게 보면, 스스로 타락해 갔던 성직자들과 별다를 것 없는 모습이었어.

그 시대에도 유행을 이끄는 '패션 리더'가 있었어. 바로 프랑스 루이 16세의 왕비 마리 앙투아네트였지. 아직도 기억이 생생해. 마리 앙투아네트가 무도회를 열어 새로운 옷과 장신구를 선보이면, 사람들이 앞다투어 따라 사서 물건을 구하기 어려울 정도였다고.

심지어 이런 일도 있었어. 그때는 줄무늬가 죄수나 천한 신분을 나타냈거든. 그런데 어느 날, 마리 앙투아네트가 무도회에 줄무늬 드레스를 입고 나타난 거야. 그러고 무슨 일이 벌어졌게? 말도 마! 다음 무도회에는 줄무늬 드레스만 가득했다니까.

뭐, 마리 앙투아네트는 부러움의 대상이었고, 그녀가 입은 옷이 특별해 보였겠지. 그래서 마녀가 마리 앙투아네트의 드레스를 특별한 옷이라고 생각할 수도 있겠다 싶었어. 그러나 왠지 망설여졌지. 그렇게 화려한 인생을 살던 마리 앙투아네트의 마지막 모습은 매우 비참했거든.

문화의 황금시대를 이룬 태양왕 루이 14세 때, 왕족과 귀족이 입던 옷이 일반 백성들에게 흘러가는 경우가 많았어. 아무리 정교하고 화려하게 만든 옷이라도 귀족들은 한 번 입은 건 다시 거들떠보지 않았거든. 그렇게 버려진 옷을 헌옷 장수가 모아, 평상시에 입을 수 있도록 수선해 팔았지. 덕분에 나도 귀여운 꼬마 숙녀를 만날 수 있었어. 한동안 무도회 구경만 하며 살 줄 알았는데 말이야.

이 옷으로 사람들은 베르사유 궁전의 화려한 생활을 짐작할 수 있었어. 처음에는 어느 가문의 누가 입었다는 사실이 옷값을 높이기도

했어. 하지만 루이 16세 때에 이르러서는 갈수록 경제 상황이 안 좋아져, 백성들의 삶이 팍팍해졌거든. 그런데도 궁전에서는 매일 무도회를 열며 사치를 일삼아 사람들의 화를 돋우었지.

여기에 얄팍수까지 써 돈을 끌어 쓰려는 루이 16세의 행동은 결국 분노를 폭발하게 만들었어. 시민 계급은 국민 의회*를 만들어 저항했어. 그리고 마침내 1789년 7월 14일, 지배 계급의 수탈을 견디다 못한 사람들은 바스티유 감옥**으로 몰려갔고 이렇게 프랑스 혁명이 일어났단다.

1793년, 프랑스 혁명의 결과로 루이 16세는 단두대에 오르고 뒤이어 마리 앙투아네트 역시 처형돼. 이로써 왕이 다스리던 왕정의 시대를 마감하고 시민 사회로 나아가게 됐지.

마리 앙투아네트 또한 죽음 앞에서는 평범한 인간일 뿐이었어. 그러니 그 화려한 옷과 장신구가 다 무슨 소용이겠니?

산업 혁명과 방적기

프랑스가 혁명의 불길로 타오르는 동안, 이웃 나라 영국은 눈부신

----
* **국민 의회** 왕의 권한을 견제하기 위해 만든 것으로, 오늘날 의회의 토대가 되었다.
** **바스티유 감옥** 파리에 있던 감옥으로, 프랑스 혁명 당시 정부에 반발하던 정치범이 갇혀 있다고 알려져 있었다. 바스티유 감옥 습격은 왕에 대한 상징적인 항거였다.

발전을 이루었어. 빅토리아 여왕의 통치 아래, '해가 지지 않는 나라'로 불리며 세력을 불려 나갔지.

그렇다 해도 왕이 절대적인 권력을 행사하던 것은 아니었어. 영국에서는 프랑스 혁명이 있기 전에 이미 혁명을 겪었거든. 왕의 권한을 제한하고 의회가 중심이 되어 정치를 하는 입헌 군주제를 탄생시킨 거지. 피를 흘리지 않고 평화롭게 이루었다고 해서 '명예혁명'이라고도 불러.

게다가 영국은 산업이 크게 발달하며 근대로 나아가고 있었어. 가끔 그런 적 있지 않아? 그 당시에는 무심코 지나쳐 버렸지만, 뒤늦게 엄청난 사건인 것을 깨닫게 되는 경우 말이야. 1760년대, 제임스 와트가 증기 기관을 개량했을 때가 그랬어. 그때만 해도 사람들은 그 사실에 크게 주목하지 않았어. 말이나 사람의 힘 대신에 기계를 움직일 수 있는 동력이 등장했다는 게 무슨 의미인지 몰랐지.

하지만 증기 기관을 활용한 방적기*가 등장하면서 상황이 달라졌어. 전에도 비슷한 기계가 있었지만 널리 쓰이지는 않았어. 기계의 성능이 좋지 않아 사람들이 직접 만드는 게 더 유리했으니까.

원래 영국은 양털로 짠 모직물 산업이 발달한 나라였어. 그런데 목화솜으로 짠 면직물이 엄청난 인기를 끌게 된 거야. 면직물은 모직물

----
* **방적기** 실을 뽑고 천을 만드는 기계를 말한다.

 보다 세탁이 쉽고 또 젖어도 금방 마르는 장점이 있거든. 공장 주인들은 더 많은 면직물을 만들어야 했는데 일손은 턱없이 부족했어. 노동자들은 돈을 더 주는 공장을 찾아 이리저리 자리를 옮겼지. 그러다 보니 인건비 때문에 오히려 손해를 보는 상황에 처했지 뭐야.

 이때 개량된 증기 기관을 활용한 방적기가 적절한 대안이 되었어. 물건을 만들 때 기계를 쓰면서, 전보다 적은 인력으로도 많은 상품을 값싸게 만들게 되었지. 가히 '혁명'이라 할 만한 변화였다고. 이렇게 시작된 산업 혁명은 영국의 각 분야로 번져 갔어.

 면직물 시장은 점점 더 빠르게 성장했어. 인공 염료가 발명돼, 원하는 색으로 옷감을 손쉽게 물들이게 됐거든. 이전에는 자연에서 얻은

천연 염료를 이용했는데, 재료가 비쌀 뿐 아니라 만들기도 힘들었지.

런던 왕립 화학 대학의 학생이던 윌리엄 퍼킨은 말라리아 치료제를 만들기 위해 실험하던 중, 우연히 어떤 물질을 얻게 됐어. 이 물질을 녹여 보았더니 아름다운 보랏빛을 띠었지. 이렇게 최초의 인공 염료인 '모브'가 탄생한 거야.

1857년, 퍼킨은 공장을 차려 모브를 생산했고, 신비한 보랏빛으로 염색된 옷감은 날개 돋친 듯 팔려 나갔어. 영국 여성들은 옷감을 서로 구하려고 난리였지.

1862년에 런던에서 만국 박람회가 열렸을 때는 빅토리아 여왕이 보랏빛 드레스를 입기도 했다니까.

이후로도 다양한 색깔의 염료가 나오기 시작했어. 그야말로 색색의 옷감이 쏟아져 나오게 된 거야. 지금 사자 네가 입고 있는 알록달록한 옷들이 이렇게 생겨난 거지.

신사복과 창고에 쌓인 옷

산업 혁명 이후, 공장의 주인들은 큰돈을 얻게 됐어. 적은 인건비를 들여 물건을 많이 만들게 되었으니까 말이야. 공장 노동자가 생기고, 새롭게 부를 쌓은 자본가가 나타났지. 이런 자본가를 '부르주아'라고 불렀어.

부르주아는 귀족과 성격이 달랐어. 귀족이 태어나면서부터 주어진 부와 지위를 뽐냈다면, 부르주아는 자신의 능력으로 얻은 것들을 자랑하고 싶어 했지. 자연히 옷차림에도 그런 생각이 담겼어. 그래서 번듯하면서도 실속 있는 차림을 즐겼단다.

이들이 입고 다닌 옷이 신사복의 초기 형태라고 보면 돼. 바지와 조끼, 외투까지 잘

영국 신사

갖춰 입은 모습은 부르주아의 성격을 잘 드러냈지. 이것이 이른바 '영국 신사'의 이미지로 굳어진 거고.

한편 면직물 산업이 지나치게 커지면서, 창고에는 물건이 넘쳐 쌓이기 시작했어. 이제 영국을 벗어나 새로운 시장을 찾아야 했지. 그래서 눈을 돌린 곳이 식민지였어.

영국의 식민지였던 인도는 일찍이 목화를 재배해 옷감을 만들어 썼어. 영국으로부터 면직물을 수입할 필요도 없었지. 그렇다면 필요하게 만들면 되는 법! 영국은 문화적 우월성을 내세워 새로운 옷차림을 전파했단다. 물론 말도 안 되는 핑계였지.

영국은 동인도 회사*를 앞세워 인도에서 난 목화솜을 싼값에 사들이고, 면직물을 비싼 값에 팔았어. 증기선이 하루가 멀다 하고 목화솜을 실어 오고, 면직물을 실어 날랐지. 정말 어마어마했다니까.

뒤늦게 뛰어든 에스파냐, 프랑스도 식민지에 옷을 팔아 넘겼어. 입맛을 길들이는 데는 오랜 시간이 필요하지만, 옷은 쉽게 갈아입을 수 있어 딱 좋은 물건이었거든.

자, 다음 편지는 네가 가장 아끼는 바지 주머니에 들어 있어. 어떤 바지인지 알지?

----

* **동인도 회사** 17세기에 유럽의 여러 나라가 인도 및 동남아시아 등 동양과 무역하기 위하여 세운 회사로, 식민지 경영에 이용되었다.

의류 산업의 그림자

 6월 12일은 국제 노동 기구(ILO)에서 정한 '세계 아동 노동 반대의 날'이에요. 아동 노동이 없는 미래를 만들자는 취지로 2002년에 제정되었지요.

 역사 속에서 어린이들은 꽤 오랫동안 과도한 노동에 시달렸어요. 아동 노동이 대대적으로 이루어진 건 산업 혁명 시기였어요. 더 많은 면직물을 만들기 위해서 더 많은 노동력이 필요했거든요.

 이런 상황은 1920년대까지 이어졌어요. 1932년이 되어서야 미국에서 아동 노동 금지법이 통과됐지요. 하지만 그 밖의 나라에서 아동 노동은 여전히 은밀하게 이뤄지고 있어요. 특히 방글라데시·파키스탄·인도네시아 같은 개발 도상국에서는 지금도 공장에서 힘겹게 일하는 어린이를 찾는 게 그리 어렵지 않아요.

 1996년 6월, 미국의 시사 잡지 〈라이프〉에 실린 사진 한 장이 세상을 깜짝 놀라게 했어요. 파키스탄에 사는 한 소년이 나이키 축구공을 꿰매는 장면이 담겨 있었지요. 소년의 나이는 고작 12살. 축구공을 차고 놀아야 할 소년이 시간당 겨우 6센트, 우리나라 돈으로 약 70원을 받으며 착취를 당한 거예요.

 이러한 현실에 사람들은 분노해 저항의 뜻으로 상품을 사지 않는 불

생각해 볼 거리

매 운동을 벌이기 시작했어요. 결국 그 당시 총책임자인 필 나이트 회장이 정당한 생산 구조를 갖추기로 약속하며 여론의 뭇매에서 벗어날 수 있었지요.

그럼에도 아동 노동은 여전히 심각한 문제예요. 최신 유행을 반영하여 옷을 빠르게 제작하고 유통시키는 '패스트 패션'이 등장했거든요. 인건비가 싼 개발 도상국에 공장이 들어서며 오히려 아동 노동이 이뤄지기 쉬운 환경이 되었지요.

2016년에 방영된 BBC 방송사의 다큐멘터리 〈파노라마〉에는 이러한 현실이 고스란히 담겼어요. 터키의 이스탄불에 있는 공장에서 어린이들이 종일 옷을 다림질하고 포장하는 일을 하고 있었거든요. 대부분 전쟁을 피해 터키로 온 난민으로, 노동을 착취당하고 있었지요.

이런 잘못된 상황을 해결하려면 우리가 감시의 눈길을 거두지 않는 게 중요해요. 국제 노동 기구 등 많은 단체가 지금도 세계 곳곳에서 이뤄지는 아동 노동을 없애기 위해 노력 중이에요. 또한 어린이가 노동에서 벗어나 교육의 기회를 누릴 수 있도록 학교를 세우는 활동도 함께하고 있어요.

네 번째 편지,
산업이 된 옷

　오, 다른 바지랑 헷갈릴 줄 알았는데 잘 찾았네! 사자 네가 아끼는 이 청바지가 언제부터 만들어지기 시작했는지 알면 깜짝 놀랄걸?
　산업 혁명은 옷을 만드는 방식뿐 아니라 사고파는 방식에까지 영향을 미쳤어. 한 땀 한 땀 바느질해서 만들던 옷이 이제는 '산업'이라는 이름 아래 규모가 커지기 시작했거든.

　패션 산업이 빠르게 발전하면서 사람들은 돈을 주고 원하는 옷을 바로바로 살 수 있게 되었어. 그때는 나도 눈이 돌아갈 정도로 정신이 없었다고. 유행이 하루가 다르게 변했으니까. 사람들의 다양한 욕구와 필요를 만족시키려면 어쩔 수 없었지. 그러니까 사자 너도 이번 편지는 꼼꼼하게 잘 읽어야 할 거야. 눈 깜짝하는 사이에 놓칠 수 있다고.

자본주의가 만든 의류 산업

근대 역사는 산업 혁명으로 시작되어 세계 대전으로 이어졌어. 유럽의 여러 나라들은 더 많은 식민지를 차지하기 위해 경쟁을 벌이다가, 급기야 서로 물고 뜯는 전쟁을 시작했어. 제1차 세계 대전은 한동안 유럽 전체를 어둠 속에 빠뜨렸지.

유럽이 경쟁을 벌이는 동안, 미국의 경제는 나날이 발전해 나갔어. 자본주의*를 바탕으로 한 산업이 탄탄하게 받쳐 주었기에 가능한 일이었지. 의류 산업도 그중 하나였어.

이전에는 장인의 손길을 거쳐 맞춤옷을 지었지만,

* **자본주의** 자본을 가진 사람이 자유롭게 경쟁하며 생산 활동을 해 이익을 얻는 경제 제도이다.

이제는 기계로 쉽게 옷을 찍어 냈어. 이런 소품종 대량 생산 방식은 경제 호황*과 맞물려 시장을 키워 나갔지.

처음에는 몸에 맞추지 않고, 미리 여러 벌을 지어 놓고 파는 기성복 시장이 들어서는 것을 반대하는 사람도 있었어. 장인의 손에서 완성되는 맞춤복이야말로 제대로 된 옷이라고 생각했으니까. 기계로 찍어 내는 똑같은 옷을 하찮게 여긴 거지.

내 생각도 다르지 않았어. 이래 봬도 나는 재단사잖아! 그러니 정성을 들이지 않은 천 쪼가리를 옷이라고 인정할 수 있겠어? 도무지 이해할 수 없었지. 하지만 곧 생각을 바꿨어. 옷을 사 입고 활짝 웃는 꼬마와 그 모습을 보고 뿌듯한 표정을 짓는 엄마를 보고 난 뒤에 말이야. 과정이야 어쨌든 누군가를 웃음 짓게 할 수 있다면, 그 나름대로 의미가 있지 않겠어?

어쨌든 산업 혁명이 시작된 후, 사회 곳곳에서 큰 변화가 생겼고 옷차림도 예외는 아니었어. 얼핏 보기에 비슷한 품질의 옷을 굳이 비싼 값을 주고 사 입을 필요는 없었지.

결국 장인들의 반발에도 불구하고 의류 산업은 성장해 나갔어. 대량 생산에 의한 대량 소비 시대가 본격적으로 열리며, 이제 값을 치르면 누구나 원하는 옷을 가지게 되었지.

* **호황** 장사가 잘되거나 경제 사정이 좋은 상태를 뜻한다.

샤넬, 여성의 욕망을 건드리다

그렇다고 맞춤복 시장이 없어진 것은 아니야. 누구나 옷을 쉽게 사 입게 되자, 부르주아는 자신을 차별화하고 싶었어. 프랑스 파리에 형성되어 있던 '오트 쿠튀르'가 바로 이 욕망을 파고들었지. 원래 오트 쿠튀르는 귀족들에게 고급 맞춤복을 지어 주던 의상실이었어. 파리의 장인들은 새로운 고객의 마음을 사로잡기 위해 고민했지.

그 틈에서 새로운 패션을 선보인 사람이 바로 샤넬이었어. 1910년, 샤넬은 모자를 만드는 공방을 열며 디자이너 생활을 시작했어. 그녀는 고급스럽지만 편하고 아름다운 디자인을 세상에 내놓았지. 군더더기 없는 미니 드레스, 윗옷과 아래옷이 따로 된 여성용 정장 등은 지금 보면 그리 특별할 것 없어 보이지만 그 당시에는 정말 대단한 도전이었어.

프랑스 혁명이 일어나 사회가 변했지만 어디까지나 남성을 위한 것이었어. 여성은 여전히 사회에서 한 발짝 빗겨 나 있는 존재였지. 이렇게 억눌려 있던 여성들의 욕망은 산업 혁명 이후 사회 활동이 잦아지면서 점점 불거져 나오기 시작했어. 정치에 참여할 수 있는 권리, 참정권을 요구하는 목소리를 높이기 시작한 거야.

샤넬은 이런 여성들의 열망을 포착해 옷에 담아냈어. 허리를 조이는 코르셋을 없애고 치렁치렁한 긴 치마를 싹둑 잘라 버렸지. 여성들

은 샤넬의 옷에 환호를 보냈어.

　이러한 시대의 분위기 속에서 샤넬은 디자이너로 자리 잡을 수 있었어. 샤넬의 영향력은 파리뿐 아니라 유럽 전역으로 퍼져 나갔지. 아, 마음 같아서는 샤넬에게 마녀를 위해 특별한 옷을 만들어 달라고 부탁하고 싶었다니까!

여성들의 참정권 운동은 탄압을 겪었어. 영국에서는 참정권 운동에 참여하는 여성을 '서프러제트'라고 불렀어. 서프러제트(suffragette)는 참정권을 뜻하는 '서프러지(suffrage)'에서 온 말이야. 수많은 서프러제트가 시위를 벌이다가 감옥에 갇혔지. 서프러제트에 대한 조롱을 담은 포스터나 엽서가 나오기도 했고, 어떤 남편들은 아내가 서프러제트에 참여할까 봐 단속하기도 했지.

하지만 이미 둑은 무너졌고, 여성 참정권을 향한 움직임은 파도처럼 밀려오고 있었어. 여러 사람들의 노력 덕분에 결국 여성은 남성과 동등하게 한 표를 행사하는 시민이 될 수 있었지.

샤넬 같은 디자이너들은 여성들에게 큰 힘이 되었어. 서프러제트의 시위 사진을 보면 비교적 간편한 차림을 하고 있어. 서프러제트에게 이런 옷차림은 자신의 이념을 드러내는 하나의 수단이 되었던 거야.

시위하는 서프러제트

디오르, 뉴룩의 시작

 현대는 슬프게도 전쟁의 시대나 다름없단다. 제1차 세계 대전이 끝난 지 얼마 되지 않아, 제2차 세계 대전이 벌어졌거든. 1939년에 시작돼 1945년에 끝난 제2차 세계 대전은 사람들에게 막대한 후유증을 남겼지.

 샤넬이 제1차 세계 대전 시기에 떠오른 디자이너였다면, 제2차 세계 대전 이후에 새롭게 떠오른 디자이너는 크리스티앙 디오르였어.

 그 당시 파리의 디자이너들은 패션 산업에 위기가 온 것을 느꼈어. 전쟁이 막 끝난 터라 옷감은커녕 생활에 쓰이는 물자조차도 부족했거든. 게다가 전쟁을 치른 유럽의 나라들은 자국의 산업을 보호하기 위해 섬유나 옷을 수입하지 못하게 했어.

 디자이너들은 전시회를 앞두고 고민 끝에 모델 대신 인형에 옷을 입혀 선보이기로 결정했어. 프랑스 파리에서 시작해 미국 샌프란시스코까지, 유럽을 비롯해 미국의 주요 도시를 도는 일정이었지.

 이 전시회에서 한 섬유 회사 눈에 든 디오르는 투자를 받게 되었어. 그리고 1947년, 파리에 자신의 이름을 건 매장을 열고 옷을 선보였단다. 이른바 '뉴룩'이라고 불리는 옷들은 단번에 세상의 이목을 집중시켰어. 시대의 분위기에서 벗어나 있는, 그야말로 화려한 옷들이었거든.

디오르 부티크

NEW LOOK

디오르의 옷에는 전쟁의 악몽에서 벗어나, 풍요롭고 아름다운 시절을 되찾길 바라는 마음이 담겨 있었어. 패션업계가 사회적으로 눈치를 볼 수밖에 없는 분위기에서 그런 화려한 옷을 내놓을 생각을 하다니! 정말 대단했지.

디오르의 뉴룩은 파리는 물론 전 세계로 퍼져 나갔어. 하지만 디오르의 옷은 소수의 부자만을 위한 특별한 옷이었어. 그 때문에 사람들은 디오르의 의도와 별개로 반감을 가졌지. 실제로 거리에서 패션 화보를 촬영하는 디오르 일행을 보고 화가 난 주부가 모델의 드레스를 찢어 버리는 소동이 벌어지기도 했다고.

사람들이 열광하든, 분노하든 패션 산업은 다시 사람들의 관심을 얻게 됐어. 어쨌든 한 고비를 넘긴 거야.

청바지, 젊음의 아이콘

다시 미국으로 건너가 볼까? 제1차 세계 대전이 벌어지던 당시, 미국은 유럽에 무기를 팔아 오히려 호황을 누렸어. 이에 힘입어 차츰 강대국으로 성장해 나갔지.

하지만 1929년에 경제 공황이 닥치면서 하루아침에 벼랑 위의 아슬아슬한 신세가 되었어. 주식 가격이 폭락하면서 산업이 침체되고

실업자가 늘어났지. 미국에서 시작된 공황은 전 세계로 퍼져 큰 위기를 만들었어.

한동안 허덕이던 미국은 제2차 세계 대전이 터지면서 가까스로 경제를 회복하게 돼. 그래도 후유증은 미국 곳곳에 남았지. 전쟁을 치른 유럽 나라들이 수출입을 제한했거든. 물자를 수입해 올 수 없게 되면서, 미국의 패션업계는 나름대로 수요*를 소화해 내야 했지. 대안으로 등장한 게 저렴한 기성복 브랜드였어. 대표적인 브랜드가 바로 청바지로 유명한 리바이스야.

청바지는 원래 광산 노동자들이 입던 작업복이었어. 작업할 때 바지가 찢어지지 않도록 튼튼한 데님** 소재로 만들었지. 이 바지를 만든 사람이 리바이 스트라우스야. '리바이스'라는 브랜드명은 그의 이름에서 따온 것이지.

그런데 말이야, 여러 나라를 돌아다니다 보니 알게 된 사실이 하나 있어. 옷 하나가 유행하는 데에도 사회의 여러 상황이 촘촘하게 얽혀 있다는 거야. 옷을 만드는 사람도, 옷을 입는 사람도 사회 속에 살고 있으니까 영향을 주고받는 것은 당연하겠지? 이 사실을 더 빨리 알았으면 훨씬 근사한 옷을 만들었을 텐데. 아휴, 아쉬워!

* **수요** 필요한 것을 사려는 욕구를 말한다.
** **데님** 두꺼운 무명실로 짠 면직물로, 질기고 잘 해지지 않아 작업복 따위를 만드는 데 쓰인다.

아무튼 청바지의 인기는 대단했어. 덕분에 리바이스는 승승장구했지. 리바이 스트라우스가 죽은 뒤에도 조카들이 사업을 물려받아 규모를 키워 나갔어. 그래도 여전히 청바지는 노동자가 입는 옷이라는 이미지가 강했지.

그러다가 1950년대에 이르러 청바지의 이미지에 큰 변화가 생겨. 할리우드의 여러 배우들이 청바지를 입고 영화에 출연하기 시작했거든. 처음은 1953년에 개봉한 〈위험한 질주〉의 주인공을 맡은 말론 브란도였어. 폭주족의 우두머리로, 청바지에 흰 티셔츠를 입은 모습이 매우 인상적이었지. 1955년에 개봉한 〈이유 없는 반항〉은 청소년의 비행 문제를 다루었는데, 주인공인 제임스 딘은 기성세대에 이해받지 못하고 방황하는 청춘의 모습을 연기했지. 제임스 딘이 이 영화에서 입은 청바지는 불티나게 팔려 나갔단다.

이로써 청바지는 자신의 매력을 뽐낼 수 있는 특별한 옷으로 다시 자리매김했고, 미국의 젊은이 사이에서 가장 인기 있는 옷이 되었지.

　미국에서 기성복 브랜드의 가치가 높아지는 것을 본 이후, 프랑스 패션업계도 바빠졌어. 오트 쿠튀르처럼 소수를 위한 패션으로는 점점 커지는 시장의 수요를 맞출 수 없다는 사실을 깨달은 거야.

　결국 샤넬, 디오르 같은 디자이너 브랜드들은 옷뿐 아니라 가방·넥타이·스타킹 등 품목을 늘려서 시장에 진출하기 시작해. 부자를 위해 옷을 만들던 디자이너가 이제는 대중을 위한 옷을 만들게 됐지.

빠르게, 더 빠르게 도는 옷

　세계 대전 이후 크게 발달한 패션 산업은 생활에 자연스레 스며들었어. 이제 옷은 몸을 보호하고 사회적 위치를 드러내는 것을 넘어, 자신의 개성이나 가치관을 표현하는 하나의 수단이 되고 있지. 사람들은 패션으로 자신의 존재를 증명하려는 듯, 옷을 사는 데 아낌없이 돈을 쓰기도 해. 덕분에 나도 머물 옷장을 찾는 게 쉬워졌지.

　처음에 기성복 시장은 소품종 대량 생산의 방식을 채택해 성장해 갔어. 하지만 점점 다양해지는 사람들의 욕구를 만족시키기에는 부족했지. 그 틈을 타고 새로운 바람이 불기 시작했어. 패션 산업이 개개인의 취향에 맞춰 다품종 소량 생산 방식으로 변화한 거야.

이제 브랜드에서는 소비자의 취향을 그때그때 파악해 새로운 옷을 선보이고 있어. 빠르게 제작해 빠르게 유통시키는 이른바 '패스트 패션'이 등장했지.

패스트 패션에서는 디자이너 브랜드가 불리했어. 대신 이런 흐름에 맞춰 옷을 생산할 수 있는 자라, 에이치엔엠, 유니클로 등의 스파 브랜드(SPA, Specialty store retailer of Private label Apparel brand)가 등장했어. 브랜드가 옷을 직접 제작에서 유통, 판매까지 담당하게 된 거야. 덕분에 소비자에게 보다 빠르고 저렴하게 옷을 내놓게 되었지.

사자 네게도 익숙하겠지? 자주 찾는 옷집이잖아. 이런 스파 브랜드는 국적에 관계없이 세계 곳곳에 매장을 내면서 성장했어.

느리게 흘러가던 옷의 흐름이 현대에 오면서 더 빨리 돌아가니까 정신이 없지? 자신에게 어울리는 옷을 찾을 기회가 많아졌지만 그만큼 선택하기도 힘들어졌으니까.

다음 편지는 지난 설에 사자 네가 입었던 한복 상자 속에 있어.

패션, 환경을 생각하다

　1889년, 파리 박람회에서 샤르도네가 인조 섬유를 처음 선보였을 때 사람들은 열광했어요. 인조 섬유는 천연 섬유에 비해 싸면서도 썩 훌륭한 품질을 자랑했으니까요.

　이후로 여러 가지 인조 섬유가 개발되기 시작했어요. 석유, 석탄, 천연가스 등의 원료를 합성해 섬유를 만든 것이지요. 과연 이것은 사람들에게 축복이었을까요?

　처음에 과학자들이 인조 섬유를 만들겠다고 생각한 계기는 따로 있었어요. 1860년, 프랑스에 누에 전염병이 돌아 비단 생산량이 급격히 줄면서 의류 산업이 휘청였거든요. 이를 계기로 생물학자 파스퇴르의 조수였던 샤르도네는 비단을 대신할 수 있는 인조 섬유를 개발하기로 마음먹었어요. 그리고 마침내 이를 개발해 냈지요.

　오늘날에는 폴리에스테르 섬유를 흔히 써요. 세계적으로 가장 많이 생산되는 섬유이지요. 관리하기 쉽고 가격이 싼 장점이 있거든요. 하지만 폴리에스테르 섬유에는 치명적인 단점이 하나 있어요. 바로 쉽게 분해되지 않는다는 점이에요.

　현재 의류 산업은 세계 곳곳에 지점을 연 스파 브랜드 위주로 돌아가고 있어요. 이들이 빠르게 옷을 내놓으면 소비자는 빠르게 소비하지

생각해 볼 거리

요. 그만큼 쓰레기가 늘고 있답니다. 의류 산업이 지구 환경을 파괴하는 거예요.

어디 그뿐인가요? 옷을 만드는 과정에서부터 환경 파괴가 심각해요. 합성 섬유는 표백·염색 등 여러 가공 처리를 거치면서 독성 물질을 만들어 내거든요.

그렇다고 천연 섬유가 합성 섬유보다 환경에 이로운 것도 아니에요. 목화를 키워서 솜을 얻기까지 엄청나게 많은 양의 농약이 쓰이거든요. 또한 모직물의 원료인 양털을 얻으려면, 수많은 양을 작은 우리 안에 가둬 키워야 하지요.

이를 의식해서 일부에서는 친환경 섬유를 만들기도 해요. 옥수수 전분, 한지, 쐐기풀 등 자연에서 얻은 재료로 섬유를 만드는 거예요. 생산 과정에서 표백·염색 같은 가공 또한 하지 않아요. 땅에 묻으면 쉽게 분해가 되어 환경을 오염시키지도 않지요. 지금도 환경을 생각하는 패션은 다양하게 발전하고 있어요.

다섯 번째 편지,
문화가 깃든 옷

 사자 너는 어떤 옷을 입어도 근사해. 그런 네가 한복을 입으면 나까지 가슴이 두근두근하더라. 곧 수많은 사람들 사이에 있겠구나, 하는 기대가 생겨서 그런 것 같아. 고소한 냄새가 가득한 곳에서 한복을 예쁘게 차려입은 다른 꼬마들도 볼 수 있고 말이야.
 사자 네가 명절에 한복을 입는 것처럼, 사람들은 때로 행사를 치르거나 무언가를 기념할 때 특정한 옷을 입어. 이런 옷 가운데는 특별한 이야기를 담은 것도 있지. 그 속에는 역사와 문화가 살아 숨 쉬고 있어.
 자, 지금부터는 동서양을 넘나들며 사람들이 특별한 날에 입은 옷을 알아보자고.

웨딩드레스를 입은 여왕

어느 문화권에서나 남녀가 만나 가정을 이룰 때는 예식을 치러. 결혼식은 신랑과 신부가 주위 사람들에게 부부가 된 것을 알리고 축복을 받는 자리지. 특히 오늘날 결혼식에서 신부는 주인공으로, 하얀 드레스를 입어. 그런데 왜 하얀 웨딩드레스를 입는 것일까? 궁금하지 않니?

결혼할 때 신부가 하얀 드레스를 입기 시작한 것은 19세기의 일이야. 1840년에 영국의 빅토리아 여왕이 결혼식에서 하얀 드레스를 입으면서 이어져 온 것이지.

빅토리아 여왕은 18살에 즉위한 뒤 왕실의 안정을 위해 정략결혼*을 하게 되었어. 상대는 바로 독일의 색스 코버그 고타 가의 알베르트 왕자였지. 영국 사람들은 빅토리아 여왕의 결혼식에 큰 관심을 가졌어.

사람들의 관심에 걸맞게 결혼식은 성대하게 치러졌어. 아직도 그날 신문에 난 기사가 또렷하게 기억나.

"역사상 이렇게 많은 영국 사람들이 한자리에 모인 적은 없었다."

기사를 읽은 꼬마가 흥분하는 바람에 나한테 우유를 흘린 기억도 나네.

....
* **정략결혼** 이익이나 목적을 위하여 당사자의 의사와는 상관없이 시키는 결혼을 말한다.

빅토리아 여왕은 하얀 웨딩드레스를 입고 심지어 결혼식장도 전부 하얗게 꾸몄어. 여왕이 걸친 것 가운데 하얀색이 아닌 건, 알베르트 왕자에게 받은 파란색 브로치뿐이었지.

빅토리아 여왕이 하얀 웨딩드레스를 고른 건 사실 이유가 있었어.

그 당시에는 하얀 옷감이 매우 귀했어. 하얀 옷감을 만들려면 따로 표백 과정을 거쳐야 했거든. 게다가 하얀 옷은 때가 타기도 쉬워서 관리하기가 까다로웠지. 그날의 결혼식장 풍경은 사람들에게 여왕이 지닌 어마어마한 부와 지위를 한눈에 보여 주는 셈이었어.

여러 매체에서 빅토리아 여왕의 결혼식을 다루면서, 많은 사람들이 하얀 웨딩드레스를 보게 됐어. 사람들은 하얀 웨딩드레스에 홀딱 반한 듯했지. 곧 하얀 웨딩드레스는 유럽을 비롯해 세계 곳곳으로 퍼졌어. 그리고 하나의 문화로 자리 잡았지.

뭐, 지금은 과거처럼 하얀 천이 부와 지위를 상징할 만큼 특별한 옷감은 아니지. 그래도 여전히 신부들은 하얀 웨딩드레스를 입어. 결혼식 날만큼은 모든 신부가 여왕이라는 의미가 아닐까?

슬픔을 달래는 옷

사람들의 뜨거운 관심 속에서 결혼식을 올린 빅토리아 여왕은 1861년에 남편을 잃게 돼. 여왕은 검은색 옷을 입는 것으로 남편의 죽음을 애도했지. 영국의 의류 산업이 하루가 다르게 발전하는 시기였는데도, 여왕은 주로 검은색 옷을 즐겨 입었어. 1887년, 즉위 50주년 행사에서도 검은색 옷에 레이스를 두르고 등장했단다.

빅토리아 여왕은 오늘날까지도 영국 사람들에게 자랑스러운 통치자로 남아 있어. 그래서일까? 여왕의 하얀 웨딩드레스도, 검은 상복도 사람들에게 영향을 미쳤어. 40여 년 동안 검은색 옷을 입고 남편의 죽음을 애도한 모습을 본 사람들은, 장례식에서 검은색 옷을 입기 시작했어. 이렇게 검은색 상복이 자리 잡았지.

한편 한반도에서는 죽은 사람을 기리기 위해 삼베나 무명으로 만든 상복을 입었어. 따로 색을 입히지 않고 특별히 모양을 내지 않은 소박한 차림이지.

삼국 시대, 신라 지증왕은 나라의 기틀을 마련하면서 여러 법을 제정했어. 그중에는 장례에 관한 법도 있었지. 이후 신라에서는 왕이나 부모, 배우자가 죽었을 때 1년 동안 상복을 입었다고 해.

백제와 고구려에서는 부모나 배우자가 죽으면 3년 동안 상복을 입어야 했어.

애도하는 기간과 방식은 각각 달랐지만, 세상을 떠난 사람을 기리기 위해 따로 옷을 마련해 입는 행위는 같았어. 서양이든, 동양이든 말이야.

격식을 벗고 편안함을 입다

 자리에 따라 어울리는 옷차림이 따로 있어. 왜 '티피오(T.P.O)'라는 말도 있잖아? 시간(Time), 장소(Place), 상황(Occasion)에 맞게 옷을 입을 줄 알아야 한다는 거지. 저마다 개성과 가치관을 드러내기 위해 옷을 입더라도, 사회적으로 약속된 자리에서는 그에 맞는 격식을 갖춰야 해.

 신데렐라가 무도회에 입고 갈 마땅한 옷이 없어 슬퍼한 것을 기억해? 왕이 주최하는 성대한 무도회에 재투성이 옷이라니, 격식에 맞지 않는 차림으로는 사람들에게 비웃음을 살 거라는 사실을 잘 알았던 거지. 물론 요정이 도움을 준 덕분에 드레스를 입고 무도회에 갈 수 있었지만 말이야.

 사자 너도 이제 잘 알다시피, 사람들은 처음에 몸을 보호하기 위해 옷을 입었어. 그러다가 시간이 흐르며 부와 지위 등을 뽐내기 위해 옷이 화려하게 변했지. 화려해진 옷은 그만큼 불편했어. 몸에 옷을 맞추기보다는, 옷에 몸을 맞추는 식이었거든. 옷이 더욱 돋보이려면 어쩔 수 없었지.

 옷에 대한 생각이 그렇다 보니, 잘 때 입는 옷을 따로 만들지도 않았어. 머리가 흐트러지지 않도록 모자만 쓴 채로 벌거벗고 잤지. 벌거벗고 자는 건, 아무리 신분이 높은 귀족이라도 마찬가지였어. 물론 추운 겨울에는 낮에 입던 옷을 그대로 입고 자기도 했지만 말이야.

사람들이 잠옷을 처음으로 입기 시작한 건 17세기쯤이었어. 약혼한 뒤, 잠잘 때 입고 쓰는 옷과 모자를 선물로 주고받는 문화가 생겼거든. 그러면서 사람들은 집에서 편히 입을 수 있는 옷을 찾기 시작했지.

파자마도 이때 자리 잡은 거야. 파자마는 원래 고대 페르시아에서 여성들이 입던 통 넓은 바지였어. 이것이 인도를 통해 유럽에 건너가 크게 인기를 끈 것이지.

이렇게 사람들은 몸이 불편한 옷에서 해방된 거야. 그들에게는 잠옷이 정말 고마웠겠지? 덕분에 편안하게 잠들 수 있었으니까.

오늘날의 파자마. 헐렁한 윗옷과 바지로 이루어져 있다.

과거와 현재, 거리의 하이힐

하이힐 하면 굽이 높은 여성용 구두를 먼저 떠올릴 거야. 그런데 놀라운 사실을 하나 알려 줄게. 중세 시대 유럽에서는 남성들이 하이힐을 신고 다녔어. 말도 안 된다고?

처음으로 하이힐을 생각해 낸 사람이 남성이었어. 바로 태양왕 루이 14세란다. 1643년 왕위에 올라 1715년 사망할 때까지, 절대 왕정을 바탕으로 프랑스를 통치한 인물이지. 루이 14세는 키가 작았기 때문에 이를 감추기 위해 높은 굽의 신발을 신었어. 이것이 초기의 하이힐이었던 거지.

특히 1650년부터는 사람들 사이에서 하이힐이 크게 인기를 끌면서 부츠나 슬리퍼 같은 신발에도 높은 굽을 덧대기 시작해. 나중에는 키가 커 보이기 위해서가 아니라 더 높은 신분이라는 걸 뽐내기 위해서 하이힐을 신었지. 프랑스에서 시작된 하이힐 열풍은 곧 유럽 여러 지역으로 퍼져 나갔어. 유용한 점이 또 하나 있었거든.

그 당시의 유럽은 길거리에 오물이 가득했어. 하수 처리 시설이 발달되어 있지 않은 탓이었지. 또 지금처럼 위생 개념이 없던 시기이기도 했어. 사람들은 일을 본 다음, 오물을 창

밖에 그대로 내버렸지. 그래서 거리를 지날 때면 오물을 요리조리 피해 다니느라 정신이 없었다고. 그런 상황에서 하이힐이 얼마나 유용했겠니?

물론 하이힐은 왕족과 귀족 사이에서 유행했어. 오물이 묻는 게 걱정될 정도로 값비싼 옷을 입는 사람에게 필요한 신발이었으니까.

산업 혁명 이후, 도시가 발달하며 하수 처리 시설이 마련되었어. 또한 왕족과 귀족만이 부와 문화를 누리는 시대가 저물었지. 이제 하이힐은 오물을 피하기 위한 목적보다는, 아름답게 보이기 위한 목적으로 신게 되었단다.

그런 하이힐에 강렬한 이미지를 심은 게 1950년대 미국 할리우드였어. 1955년에 개봉한 영화 〈7년 만의 외출〉에는 지금까지도 유명한 장면이 하나 있어. 마릴린 먼로가 통풍구 위에서 흩날리는 치맛자락을 붙잡는 모습 말이야. 그 장면에서 마릴린 먼로는 하이힐을 신고 있었는데, 사람들은 하이힐이 그녀를 돋보이게 해 준다고 느꼈지.

마릴린 먼로뿐 아니라 할리우드의 수많은 배우들이 하이힐을 신고 영화에 출연했어. 그러면서 하이힐은 청바지와 비슷한 길을 걷게 되었지. 대표적인 패션 아이템으로 사람들에게 소비되기 시작한 거야. 오랜 시간을 거쳐, 지금도 하이힐은 사람들을 더 특별하게 만들어 주는 역할을 하고 있지.

한민족의 옷

한복 하면 아주 오랜 옛날부터 전해 내려온 것이라 생각하겠지? 하지만 오늘날의 한복은 조선 시대에 입던 옷차림에 가까워. 조선 시대 이전에 한반도에 살던 사람들이 입던 옷과는 조금 다르지.

물론 시대를 거슬러 올라가도 윗옷과 아래옷으로 이루어진 형태는 비슷해. 남녀 구분할 것 없이 삼국 시대의 사람들은 상하의가 한 쌍인 옷을 입었어. 보통 허리 아래까지 내려오는 긴 저고리에 허리띠를 둘렀고, 남성은 바지를, 여성은 바지 위에 치마를 덧입기도 했지.

고려와 조선의 경우를 비교해 볼까? 대한민국은 종교와 사상의 자유가 허락된 나라야. 하지만 고려는 불교를, 조선은 성리학을 바탕으로 운영된 나라였어. 나라의 정책을 좌우할 만큼 종교나 사상이 커다란 영향을 끼쳤지. 그 영향력은 옷차림에도 반영되었어.

통일 신라부터 고려 초기까지는 비슷한 옷차림이 계속 이어졌어. 고려는 신라의 문화를 그대로 받아들인 경우가 많았거든. 그래서 기본적으로 화려한 옷과 장신구가 유행했지.

한마디 덧붙이자면, 고려 후기부터 조선 초기까지는 우리 민족의 옷차림이라고 말할 수 없어. 고려 후기에 몽골 족이 세운 원나라에 복속*되면서 옷차림이 잠시 몽골식으로 바뀌었거든. 앞머리를 깎고

---
* **복속** 식민지와 비슷한 형태로, 한 나라가 다른 나라의 영향력 아래 있는 상태를 말한다.

뒷머리를 길게 땋아서 늘어뜨린 변발이 유행할 정도였지.

아, 옷차림에서 의미 있는 변화가 하나 있기는 했어. 허리 아래까지 내려오던 저고리 길이가 짧아졌거든. 그러면서 저고리 위에 허리띠를 따로 매던 형태가, 고름을 달아 여밀 수 있는 형태로 변했지.

성리학 문화를 바탕으로 한 조선에서는 단정한 옷차림을 중요시했어. 특히 임진왜란, 병자호란 등 큰 전쟁을 겪으면서 옷차림은 더욱 간결해졌지.

어때, 시간 속에서 문화를 담아 변화해 온 한복이 더욱 특별하게 느껴지지?

다음 편지는 사자 네가 즐겨 신는 운동화 속에 넣어 뒀어. 냄새가 지독한 걸 보니, 운동회 때 친구들이랑 엄청 뛰어다녔나 보더라.

히잡은 문화일까? 차별일까?

히잡은 이슬람 여성들의 전통 복장으로, 머리와 상반신을 가리기 위한 쓰개예요. 이슬람교에서는 여성이 몸을 드러내는 걸 금지하고 있거든요.

자유와 인권을 중요하게 생각하는 입장에서는 히잡을 반대해요. 이슬람교를 믿는 여성들 가운데서도 히잡을 벗어 던지고 자유를 주장하는 사람들도 있지요.

문화의 상대성을 강조하는 입장에서는 이슬람교가 어떤 문화를 이어 나갈지는 그들 스스로의 선택이 중요하다고 말해요. 이슬람이 국교인 이란의 최고 지도자, 하메나이는 이렇게 말하기도 했어요.

"유럽에서 귀족 여성은 베일로 얼굴을 가렸다. 고대 페르시아에서 고관대작의 부인은 히잡을 썼지만, 일반 백성의 부인은 그렇지 않았다. 이슬람교는 그런 차별을 없애고 히잡을 쓰는 것을 의무화했다."

2016년 리우데자네이루 올림픽을 앞두고 히잡을 착용한 여성에 대한 논란이 생겼어요. 이슬람교 국가의 여성이 세계 스포츠 대회에 진출하는 기회가 늘면서, 히잡을 착용하는 것을 허용할지 여부가 문제가 된 거예요.

국제 배구 연맹(FIVB)은 2012년에 이미 종교적·문화적 이유로 시합

생각해 볼 거리

에 참가하지 못하는 국가의 여성 선수를 위해 비치 발리볼 경기 복장 규정을 손보았어요. 덕분에 이집트 최초의 비치 발리볼 선수인 도아 엘고나비, 나와 미와드는 리우데자네이루 올림픽에 출전할 수 있게 되었지요.

미국의 펜싱 국가 대표로 출전한 이브티하즈 무하마드 역시 이슬람교 신도였어요. 그녀는 수많은 운동 중에 펜싱을 선택하게 된 이유를, 마스크를 쓰며 머리끝부터 발끝까지 가릴 수 있는 운동이기 때문이라고 설명했어요.

훌륭한 실력을 갖췄음에도 무하마드는 히잡을 썼다는 이유만으로 미국에서 자주 차별을 겪었어요. 공항에서는 항상 붙잡혀 검색을 당했고, 안 좋은 감정을 드러내는 동료도 많았지요. 하지만 결국 국가 대표로 출전해 16강을 앞둔 인터뷰에서 무하마드는 이렇게 말했어요.

"많은 사람이 이슬람교 여성은 제 목소리를 내지 못하고, 운동에도 참여할 수 없다고 여깁니다. 나의 도전이 이슬람 사회 안팎에 존재하는 편견을 깨는 계기가 되길 바랍니다. 사회적 편견으로 소외된 많은 이들에게 제가 영감을 줄 수 있다면 그걸로 만족합니다."

여섯 번째 편지,
과학을 담은 옷

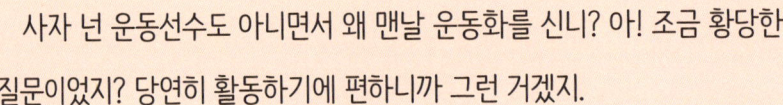

사자 넌 운동선수도 아니면서 왜 맨날 운동화를 신니? 아! 조금 황당한 질문이었지? 당연히 활동하기에 편하니까 그런 거겠지.

이제는 누구나 최첨단 과학 기술이 적용된 옷을 쉽게 살 수 있어. 그야말로 신소재 옷의 시대가 열린 것이지. 물론 처음부터 그랬던 건 아니야.

의류 산업이 발달하고 시장이 커지면서 옷에 과학 기술이 적용되기 시작한 거지. 첫 출발은 군복이었어. 전쟁 중에 군인들은 누구보다 기능성 옷이 필요했으니까 말이야. 더 튼튼하고 움직이기 편한 신소재로 만든 군인을 위한 옷이 일반 사회까지 퍼진 거란다. 나아가 스포츠 의류 시장이 생겼지.

최초의 기능성 옷, 트렌치코트

쌀쌀한 바람이 부는 계절이 찾아오면 사람들은 트렌치코트를 꺼내 입기 시작해. 트렌치코트는 가을의 상징 같은 옷이야. 트렌치코트가 어떻게 만들어졌는지를 알면 당연한 일이지.

원래 트렌치코트는 제1차 세계 대전 당시, 영국 군인들이 입던 외투였어. 1914년, 토머스 버버리가 만든 비바람에 강한 옷이 바로 '트렌치코트'였지. '트렌치(trench)'는 '참호'라는 뜻으로, 전쟁에서 적의 공격을 피해 몸을 숨기기 위해 판 구덩이를 말해. 트렌치코트는 언제 있을지 모르는 적의 공격에 대비해 참호 속에서 기다릴 때, 습기와 추위를 막기 위해 입었던 옷이지.

트렌치코트는 그 당시에 최첨단 소재인 '개버딘'으로 만들었어. 개버딘은 단단하고 촘촘하게 짜인 옷감이라서, 방수성이 뛰어나면서도 가볍고 통기성이 좋았어.

디자인 또한 전투 중인 군인이 입기에 적절했지. 비바람을 막을 수 있도록 목깃이 달렸고, 소매가 벌어지지 않게 잡아 주는 끈이 있었거든. 허리를 조이는 끈에는 버클을 달아서 고정시킬 수 있도록 했어. 또 고리를 따로 만들어서 수류탄을 매달 수 있게 했단다.

트렌치코트의 어깨에는 견장 장식이 있지? 이것 또한 군용 외투의 디자인에서 비롯된 것이야. 군인의 서열을 나타내는 계급장을 다는 자리였던 거지. 또 트렌치코트는 황갈색이 많잖아? 적의 눈에 잘 띄지 않는 색깔이었기 때문이야.

전쟁이 끝난 뒤, 트렌치코트가 널리 퍼지게 된 계기는 1961년에 개봉한 영화 〈티파니에서 아침을〉 때문이었어. 주인공인 오드리 햅번이 트렌치코트를 입고 나왔거든. 이 모습이 사람들 사이에 입소문을 타면서, 트렌치코트는 패션 아이템으로 사랑받게 됐지.

게다가 비가 많이 내리는 습한 지역에 사는 영국 사람들에게 트렌치코트는 더욱 유용했지. 최초의 기능성 옷이었던 셈이야.

새로운 시장, 스포츠 의류

과학 기술이 무척 중요한 게 스포츠 의류야. 어떤 옷을 입느냐, 어떤 신발을 신느냐에 따라 기록이 달라지기도 하거든.

처음 스포츠 의류 시장이 생긴 건 아디다스로부터였어. 아디다스는

1949년에 독일의 아디 다슬러가 '가장 좋은 제품을 선수들에게 제공하겠다'는 철학을 바탕으로 세운 회사였지. 20살 때부터 신발을 직접 만들었던 아디 다슬러는 풍부한 경험을 바탕으로 회사를 키웠어.

이후 스포츠 의류는 곧 아디다스의 역사나 다름없이 흘러갔어. 각종 대회마다 운동선수들은 아디다스에서 나온 옷, 신발과 함께였지.

아디다스는 제품마다 줄무늬를 디자인해서 브랜드의 이미지를 만들었어. 또한 2004년부터 아디다스가 내세운 '불가능, 그것은 아무것도 아니다(Impossible is nothing)'라는 표어는 브랜드의 이미지와 가치를 더욱 높여 주었지.

하지만 어려움도 있었어. 나이키의 에어 시리즈가 대중적으로 인기를 끌면서 위기를 맞은 거야. 아디다스가 운동선수들을 위한 스포츠 의류를 만들었다면 나이키는 누구나 입을 수 있는 스포츠 의류를 만들어 새로운 바람을 일으켰거든.

새로운 시장에 흔들리던 아디다스는 초기의 철학을 반영한 제품을 내놓으면서 명예를 회복했어. 과학 기술을 활용해, 더욱 성능이 좋은 제품을 만드는 데 공을 들인 거야. 성능이 좋은 제품을 착용한 선수가 뛰어난 기록을 내면, 여러 매체에서 화제가 될 테니까 자연스럽게 광고 효과를 누릴 수 있었지.

나이키, 아디다스를 잇는 유명한 스포츠 브랜드가 또 하나 있지?

사자 네가 신은 걸 본 적이 있는데……. 맞아, 푸마야.

푸마는 1948년에 세워졌어. 아디 다슬러의 형인 루돌프 다슬러가 세운 회사가 푸마의 전신*이었지.

푸마도 초기에는 운동선수를 위한 신발을 생산하면서 스포츠 의류 브랜드로 자리 잡았어. 하지만 나이키가 아디다스와 경쟁할 만큼 덩치가 커지면서 푸마는 두 브랜드와 다른 길을 찾았지. 스포츠 의류를 소비하는 사람들의 나이가 점점 어려진다는 점을 눈여겨본 거야. 아디다스, 나이키가 점령한 20대 후반 남성이 아니라 새로운 연령의 소비자를 찾아 나선 거지. 푸마의 전략은 성공해서, 지금 사자 네가 아는 유명한 스포츠 의류 브랜드의 하나로 자리 잡을 수 있었지.

스포츠 의류 시장은 과학 기술을 접목한 새로운 제품을 내놓으며 규모를 점차 확장시키는 추세야. 2005년, 나이키는 탄소 섬유로 제작해 무게가 280g밖에 나가지 않는 신발을 만들었어. 세계 최고 권위의 사이클 대회인 '투르 드 프랑스'에서 암스트롱 선수를 통해 선보였지.

아디다스는 세계 최초로 인공 지능 신발을 내놓았어. 신발을 신는 사람의 몸무게를 파악하고, 상황에 따라 신발이 자체적으로 쿠션의 단계를 조절하는 방식이지.

* **전신** 신분, 단체, 회사 따위의 바뀌기 전의 본체를 뜻한다.

알아서 주인의 조건에 맞춰서 가장 편안한 상태로 변하는 신발이라면 정말 특별하겠지? 그야말로 마법 같잖아. 이런 신발이나 옷이 많이 생기면 나 같은 재단사는 할 일이 없어져 버릴 수도 있겠어. 물론 운동선수들은 스포츠 의류 브랜드에서 내놓은 특별한 제품 덕분에 더욱 향상된 환경에서 성적을 높일 수 있겠지만…….

에어, 운동화의 혁명

요즘에는 운동화를 모으는 취미를 가진 사람들도 많아. 기업에서는 독특한 디자인의 운동화를 한정판으로 내놓기도 하고, 유명한 운동선수가 제품을 만드는 데 직접 참여하기도 해.

운동선수를 위한 스포츠 의류 시장 말고 대중을 위한 스포츠 의류 시장이 존재하는 거야. 이 시장이 성장하게 된 데에는 '에어 조던'의 공이 컸어.

1960년대 설립된 나이키는 지금처럼 유명한 스포츠 브랜드가 아니었어. 아디다스에 비하면 신생 기업일 뿐이었지. 그런데 이런 아디다스와 나이키의 입장을 단번에 바꾼 기술이 있어.

1982년, 나이키에서 '에어'라는 기술을 내놓은 거야. 신발 밑창에 일종의 주머니를 만들어 공기를 넣은 것이었지. 보통의 밑창과 달리

공기 주머니가 충격을 흡수해 발을 보호하는 방식이었어. 특히 점프를 자주 하는 농구 선수에게 유용했지. 덕분에 안정적으로 착지할 수 있었거든. 이 기술을 접목해 만든 운동화는 큰 인기를 얻었지.

에어를 넣은 운동화의 성공에 힘입은 나이키는 좀 더 큰 프로젝트를 준비해. 운동화를 운동선수와 관련지어 팔기로 한 거야. 바로 '농구 천재'라 불리던 마이클 조던 말이야. 마이클 조던은 그의 이름을 따서 만든 에어 조던을 신고 경기에서 큰 활약을 펼쳤어. 이 전략이 들어맞아 신발은 엄청난 돌풍을 일으키게 됐지.

나이키 에어가 계속 성공하면서 스포츠 시장에 커다란 혁명이 일어났어. 사람들이 운동할 때 착용하는 옷이나 신발을 기능이 좋은 것으로 사서 쓰기 시작한 거야.

사람들의 인식을 바꿀 정도로 유명한 운동화라면, 마녀도 좋아하지 않을까? 곰곰이 생각해 봤지만 아무래도 아닌 거 같아. 마녀는 운동을 좋아할 것처럼 보이지는 않았거든. 에어 운동화는 사자 네가 좋아하는 걸로 만족해야겠어.

스타일까지 한번에!

스포츠 의류뿐 아니라 빠르게 돌아가는 패스트 패션에도 신소재 옷이 등장해. 스파 브랜드 중에서 신소재를 적극적으로 활용해 인기를 끄는 곳이 바로 유니클로야. 1982년, 야나이 다다시가 일본 히로시마에 연 옷 가게였지. 다른 곳에서 살 수 없는 질 좋은 옷을 팔고자 한 거야.

유니클로가 처음으로 유명해진 건 '후리스' 때문이었어.* 후리스는 일부러 보풀을 일게 한 옷감으로, 보온성이 좋지만 기능성 소재인 탓에 가격이 비쌌어. 야나이 다다시는 이것을 싸게 팔 수 있는 방법을

---

* 원래 이름은 '플리스'이다. 플리스는 유니클로에 의해서 급속히 퍼졌기 때문에 보통 일본식 발음을 따서 '후리스'라고 불린다.

고민했지. 결국 최소의 가격으로 후리스를 만드는 과정을 찾았어. 일본의 섬유 회사에서 원료만 사다가 비교적 인건비가 싼 인도네시아와 중국에서 옷감을 직접 만들기로 한 거야. 뜻대로 품질은 좋으면서 값싼 후리스를 만든 거지.

이후 스파 브랜드의 인기가 높아지며 유니클로도 함께 성장했어. 2005년에는 야심 차게 보온성 속옷인 '히트텍'을 내놓았지. 히트텍은 원단 회사와 유니클로가 공동으로 개발한 신소재야. 원래 폴리에스테르 섬유는 천연 섬유에 비해 촉감이 안 좋아 속옷에 쓰지 않았어. 그런데 이 점을 개량해 속옷에 쓸 정도로 부드럽게 만든 거야. 무엇보다 몸에서 발생하는 수증기를 흡수해 열에너지로 바꿔 옷감을 데우는 게 큰 특징이었지.

유니클로는 이 기술을 이용해, 따뜻하면서도 얇고 부드러운 내복을 만들었어. 맵시를 망가뜨린다고 외면받던 내복이 신소재를 활용하면서 다시금 사랑받게 되었지.

마녀는 추운 곳에서 사니까 새로운 내복을 좋아하지 않을까? 그렇지만 이게 세상에서 가장 특별한 옷이라면 왠지 기운이 빠질 거 같아. 특별한 옷이라기보다는 특별한 옷감에 가까우니까.

기능성 옷 시장의 경쟁은 날로 치열해지고 있어. 아마 사람들의 요구에 맞춰, 더 특별한 소재가 앞으로도 계속 등장하겠지. 우리는 다른 옷을 찾아보는 게 좋겠어.

참, 다음 편지는 꺼내기 어려울 거야. 사자 네가 이웃집에서 물려받아 옷장 깊숙이 넣어 둔 교복 주머니 안에 있거든. (그 중학교에 꼭 가고 싶다고, 울면서 고집 부려 받아 둔 거잖아.)

옷 하나로 세계 기록이 바뀌네?

이제는 운동선수가 과학 기술을 접목해 만든 옷을 입고 경기에 나서는 게 특별한 일이 아니에요. 옷에 최첨단 과학 기술을 적용함으로써 선수는 더 좋은 기록을 낼 수 있고, 과학자는 성능을 시험해 볼 수 있으니까요.

사람들에게 사랑받는 브랜드 아디다스도 처음에는 이런 역할을 했어요. 스파이크 교체형 축구화를 최초로 만든 곳이 아디다스였지요. 이 축구화를 신은 독일 대표팀은 1954년 스위스 월드컵에서 우승하기도 했어요. 이후, 1966년 영국 월드컵에서는 대표 선수의 75%가 아디다스 축구화를 신게 되었지요.

하지만 최첨단 과학 기술이 반영되어 오히려 논란을 일으키는 종목이 있어요. 바로 수영이에요. 처음으로 섬유 과학을 적용한 전신 수영복이 등장했을 때 세계는 깜짝 놀랐어요. 2000년 시드니 올림픽에서 금메달 33개 중에 25개를 전신 수영복을 입은 선수가 차지했거든요. 이 전신 수영복의 위력은 엄청나서, 2008년 한 해에만 세계 신기록이 108개나 쏟아질 정도였어요.

물을 거스르며 헤엄치는 수영 종목은 때로는 0.01초 차이로도 승부가 갈릴 수 있어요. 아주 짧은 순간에 메달의 색깔이 바뀌는 거예요.

생각해 볼 거리

그런데 최첨단 전신 수영복은 저항을 줄여서 기록을 향상시키는 효과가 있었지요.

그 뒤로 점점 실력이 아니라 수영복에 적용된 기술로 경쟁하는 상황이 벌어졌어요. 결국 2010년, 국제 수영 연맹(FINA)은 선수들에게 전신 수영복을 입지 못하도록 금지령을 내렸지요. 전신 수영복을 벗은 선수들은 자신이 냈던 기록에 미치지 못하는 결과를 냈어요.

세계 신기록이 자취를 감추면서 초기에는 우려의 목소리도 나왔지만, 이제는 수영복 대신 경기용 수영장에 과학 기술을 적용하는 방향으로 변하고 있어요.

국제 수영 연맹은 2008년 베이징 올림픽부터 경기용 수영장의 깊이를 3m로 규격화했어요. 부력을 높이고, 수면의 움직임을 줄이기 위해서였지요. 또한 2016년 리우데자네이루 올림픽에서는 수온을 25~28℃로 유지하고, 새로운 레인 선과 배수구를 설치해 잔물결이 일지 않도록 했어요.

앞으로는 선수의 실력과 과학 기술력이 어우러진 멋진 경기를 볼 수 있겠지요?

일곱 번째 편지,
직업을 나타내는 옷

　교복을 입은 중학생이 멋져 보인다며, 너도 교복을 입겠다고 고집을 부리던 게 바로 어제 같은데……. 이제 정말로 교복을 입을 날이 머지않았네. 넌 아직 모르겠지만 그렇게 입고 싶다가도 정작 때가 되면 제일 입기 싫은 옷이 교복이래. 이건 전에 살던 옷장 주인이 늘 했던 말이니까, 믿어도 돼!

　교복을 입은 모습을 보면 굳이 물어보지 않아도 어느 학교의 학생인지 알 수 있어. 입고 있는 옷이 속한 집단을 알려 주는 거지.

　이렇게 현대 사회에서 옷은 좀 더 다양한 기능을 하고 있어. 낯선 사람을 인식하는 기준 가운데 하나가 겉모습인데, 그런 면에서 옷은 굉장히 중요하지. 어떤 옷을 입느냐에 따라 사람들의 판단이 달라지고, 옷을 입은 사람 스스로도 행동을 달리하는 효과가 있거든.

경찰복에 담긴 의미

경찰을 영어로는 '폴리스(police)' 또는 '캅(cop)'으로 불러. 캅은 일종의 별명 같은 건데, 19세기 경찰의 옷차림에서 유래했다고 하지. 그 당시 영국에서는 경찰복에 문양을 새긴 커다란 구리(copper) 단추를 달았거든.

이렇듯 유니폼은 입는 사람이 소속된 단체의 특성을 나타내 줘. 때로는 옷을 입은 것만으로도 사람들에게 신뢰를 안겨 주지.

그래서일까? 실제로 사기꾼들이 남을 속일 때 많이 이용하는 옷차림이 경찰복이라고 해. 물론 그들의 행동은 옳지 않지만, 옷차림이

가져다주는 효과를 정확하게 활용한 셈이지.

기원전 4세기, 마케도니아의 알렉산드로스 대왕은 군대를 이끌고 그리스·페르시아·인도에 이르는 대제국을 건설했어. 알렉산드로스 대왕의 군대는 청동으로 만든 갑옷을 입고 머리에는 깃털이 달린 투구를 썼다고 해. 이런 옷차림은 용맹스러운 군대의 상징으로, 적에게 위압감을 줄 수 있었지.

오늘날 경찰복은 공권력*을 상징해. 경찰복을 입음으로써 소속을 효과적으로 전달해 임무를 수행할 수 있지. 한마디로 경찰복에는 국가나 정부를 대변하는 권위가 담겨 있는 거야.

실제로 경찰복에 대한 사람들의 생각을 확인할 수 있는 자료도 있어. 한 심리학자가 실험을 통해 복장에 따라 사람들의 반응이 어떻게 달라지는지 보여 주었지.

실험의 내용은 간단해. 길에 가던 사람에게 쓰레기를 줍거나, 건너편에 서 있으라고 지시를 내리는 거야. 단, 한 경우는 평상복을 입고 다른 경우는 경찰복을 입고 지시를 내렸지.

그랬더니 어떻게 됐을까? 평상복을 입고 지시하면 오히려 이상한 사람으로 취급했지만, 경찰복을 입고 지시하면 순순히 따랐대. 어때, 경찰복이 가지는 효과가 놀랍지?

----
* **공권력** 나라나 공공 단체가 국민에게 명령할 수 있는 권력을 말한다.

생명을 살리는 현장에서

병원에서 흰색 가운을 입은 사람을 보면 자연스레 의사라고 생각할 거야. 흰색 가운은 의사의 상징으로, 전문성을 나타내는 동시에 신뢰감을 주지.

그런데 흰색 가운이 처음부터 지금과 같은 이미지를 가졌던 건 아니야. 혹시 이발소에서 이발사가 흰색 가운을 입고 있는 것을 보았니? 이발사가 의사와 같이 흰색 가운을 입는 데에는 그만한 이유가 있어.

중세 유럽 사회에서 외과는 빛을 보지 못했어. 그 당시 사람들은 상처나 병을 수술로 고치는 것을 매우 야만적이라 생각했거든. 그래서 외과 의사의 역할을 낮은 신분의 사람들이 담당했어. 이발사도 그 중 하나였지. 지금도 이발소 앞에서 빨간색·파란색·흰색 띠가 빙글빙글 돌아가는 표시등을 볼 수 있잖아? 이러한 상징은 이발소가 외과의 역할을 맡았을 시기에 생긴 거야. 빨간색은 동맥, 파란색은 정맥, 흰색은 붕대를 뜻하지.

그 당시에 의사는 긴 흰색 가운을 입고, 이발사는 짧은 흰색 가운을 입었다고 해. 똑같이 아픈 사람을 치료해도 신분의 차이는 엄청났지. 그러다가 18세기에 이르러, 그 역할이 분리돼. 외과가 점차 발달해 지금과 같이 하나의

분야로 자리 잡게 되었지.

그렇다면 의사들이 입는 수술복은 어떨까? 수술복에는 전문성이나 신뢰감을 드러내는 것보다 실용적인 이유가 담겨 있어. 수술복은 보통 초록색이잖아? 의사는 수술 중에 강한 조명 아래에서 피를 오랫동안 볼 수밖에 없는데, 그럴 경우 색을 감지하는 세포가 피로해져 눈앞에 어른거리는 상이 남아. 흰색 가운을 입으면 빨간색의 보색인 초록색 잔상이 보여서, 피로감을 쉽게 느끼고 집중력이 떨어지게 되

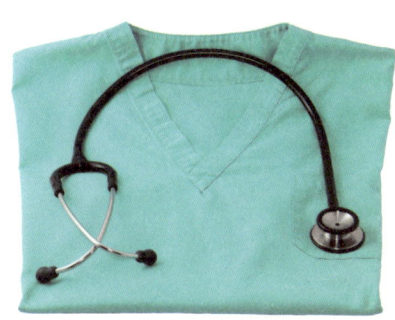

지. 그래서 초록색 옷을 입고 수술을 하는 거야.

또한 초록색은 안정감을 주는 색깔이라 수술을 받는 환자의 입장에서도 도움이 된다고 해.

안전하고 편안한 비행을 위해

항공기에서 일하는 승무원은 승객을 목적지까지 안전하고 편안하게 데려다 주는 역할을 해. 흔히 항공기를 조종하는 역할과 승객을 담당하는 역할로 나눌 수 있어. 이런 역할에 따라 승무원이 입는 옷도 달라.

　조종사가 입는 옷은 모자, 재킷, 바지 등으로 구성되었어. 어깨나 소매에는 조종사의 지위를 나타내 주는 특별한 장식이 있지. 금색 줄이 하나면 훈련생, 두 줄이면 조종사 자격 취득자, 세 줄이면 부기장, 네 줄이면 기장이라고 해.
　기장은 항공기에서 승무원 가운데 최고 책임자로, 운항 상황 전체를 파악하고 승무원을 지휘하는 역할을 해. 부기장은 기장을 도와 항공기를 조종하지. 조종사는 승객들의 안전을 책임져야 하기 때문에 지위에 따른 역할 분담이 뚜렷해. 경찰이나 군인처럼 말이야. 그래서 입은 사람의 지위를 나타내는 장식을 단 거지.

객실 승무원은 승객을 돌보며 불편함이 없도록 서비스를 제공하는 일을 해. 출발하기 전에는 각종 장비와 물품을 점검하며, 운항 중에는 승객의 착석 여부를 확인하고 안전 대처 요령을 알려 주지. 위험한 상황이 발생할 경우, 기장을 도와 신속하고 안전하게 승객들을 대피시키고 말이야.

객실 승무원은 서비스를 제공하기 편한 재질과 형태로 된 옷을 입어. 비상시에는 승객이 바로 알아보고 도움을 요청할 수도 있지.

요즘은 나라의 문화를 드러내는 유니폼을 입는 경우도 있어. 베트남 항공사의 경우, 길이가 긴 윗옷과 바지로 이루어진 전통 의상 '아오자이'를 개량해 사용하고 있지. 이로써 승객들은 자연스럽게 베트남 문화를 느낄 수 있단다.

아랍 에미리트 항공사의 여성 승무원들은 스카프가 달린 독특한 형태의 모자를 써. 이것은 이슬람교 여성들이 착용하는 히잡을 떠올리게 하지.

어때, 같은 역할을 하는 승무원이라도 서로 다른 유니폼을 입는 게 신기하지?

몸을 보호해 주는 방패

유니폼은 누가 어떤 역할을 하는지도 보여 주지만, 더 본질적인 기능을 하기도 해. 소방관은 특별한 작업 환경에 맞는 옷을 입지. 한번 살펴볼까?

소방관은 불길 속에서 일하기 때문에 이를 막아 줄 옷이 필요해. 소방복은 보통 모자, 제복, 장갑, 장화 등으로 이루어져 온몸을 감싸지. 또 알루미늄 같은 금속 물질로 만든 옷감을 사용해 열의 흐름을 차단해. 불에 타지 않게 막는 방염 처리는 기본이지.

소방관을 안전하게 지키기 위해 만든 소방복이 제 기능을 하지 못하는 경우도 있어. 2011년 3월에 일본 후쿠시마에서 원자력 발전소가 폭발했거든. 대지진으로 일어난 해일이 원자력 발전소를 덮쳐 방사성 물질이 유출된 거야. 방사성 물질을 너무 많이 쐬면 다양한 질병에 걸릴 수 있어. 심할 경우 죽음에 이르기도 하지. 그럼에도 사고가 일어났을 때 소방관들은 용감하게 현장으로 출동했어.

그 후, 더 큰 유출을 막기 위해 직접 들어가 원자로를 안정시켜야 했어. 하지만 일반 소방복으로는 원자로에서 나오는 방사성 물질을 막을 수 없

었지. 콘크리트·철·납 등의 밀도가 높은 물질로 막아야 하는데, 이런 무거운 재료로 만든 옷을 입고 작업하기는 버거웠어. 그래서 산소마스크를 쓰고 납으로 된 조끼를 입기로 했지. 물론 큰 효과를 기대하기 힘들었지만 말이야.

　결국 소방관과 원자력 발전소의 직원들은 방사능 오염의 공포를 무릅쓰고, 원자로에 냉각수를 주입하며 최악의 사태를 막아 냈어. 직업에 대한 의식과 책임감이 없었다면 결코 하지 못할 행동이었겠지만, 정말 비극적인 일이었지.

회사의 이미지를 만들다

현대 사회에서, 사람들은 자신이 원하는 이미지를 심기 위해 옷차림에 더욱 많은 신경을 써. 과거와 달리, 누구나 자신의 필요와 욕구에 따라 옷을 차려입을 수 있는 시대가 된 거야.

어떤 사람들은 일상복을 활용해 유니폼과 같은 효과를 누리기도 해. 이것에 성공한 사람이 바로 스티브 잡스였어.

스티브 잡스는 미국의 기업가로, 애플을 세운 사람이야. 그는 늘 상식을 뛰어넘는 창조적인 제품을 내놓았어. 애플이 신제품을 발표하는 날에는 온 세계가 집중했지. 신제품 발표회에서 잡스가 입은 옷차림도 많은 관심을 받았단다.

잡스는 항상 검은색 터틀넥 스웨터와 청바지를 입고 운동화를 신었어. 무려 20년 가까이 말이야. 이런 잡스의 옷차림에 '잡스룩'이라는 이름이 붙기도 했지.

사실 잡스의 옷차림에는 치밀한 전략이 담겨 있어. 1980년대, 잡스는 일본의 소니를 방문해 유니폼을 입은 직원들을 보게 됐어. 유니폼이 사원들을 서로 단결하게 만드는 계기가 되

었다는 설명을 듣고 깊은 인상을 받았지. 그래서 소니의 유니폼을 디자인한 이세이 미야케와 만났고 그 계기로 둘은 친구가 되었다고 해.

잡스 하면 떠오르는 검은색 터틀넥 스웨터는 바로 이세이 미야케가 만든 것이야. 잡스는 검정색 터틀넥을 무려 100벌 넘게 가지고 있었대. 상의로 신뢰감을 주는 검은색을 택했다면, 하의로는 청바지를 입어 자유분방한 이미지를 나타냈지.

페이스북을 만든 마크 저커버그 또한 회색 셔츠에 청바지, 운동화 차림을 고수하는 것으로 유명해. 어떤 옷을 입을지 고민하지 않아도 돼서 편리하기 때문이래. 하지만 더 큰 이유는 같은 옷을 입음으로써 사람들에게 자신만의 이미지를 심을 수 있어서가 아닐까?

자, 특별한 옷을 찾아 떠돌던 나의 이야기는 여기까지야. 부디 사자 네가 나를 대신해 마녀에게 어울리는 특별한 옷을 찾았길 바라. 이제 저주에 갇혀 옷장을 떠돌아다니는 신세에서 벗어나고 싶거든.

유니폼을 바꿔 주세요!

 2012년, 여성 승무원의 유니폼에 대한 논란이 불거진 적이 있어요. 아시아나 항공사의 여성 승무원들이 국가 인권 위원회에 진정*을 넣었거든요. 회사가 여성 승무원에게 치마 유니폼만 입도록 복장을 규제하는 건 차별이라고 말이에요.

 이와 비슷한 논란은 영국에서도 있었어요. 버진 애틀랜틱 항공사에서 여성 승무원에게 바지 유니폼을 제공하지 않았거든요. 심지어 유니폼을 만든 디자이너는 여성성을 돋보이게 한다는 이유로 계속 치마를 고집했지요.

 이처럼 여성 승무원들은 유니폼의 틀에서 자유롭지 못해요. 현대 사회는 여성 승무원들이 치마를 입음으로써 여성성을 드러내길 바라요. 하지만 '여성성'은 절대로 변하지 않는 게 아니에요.

 제2차 세계 대전 시기, 미국에서는 남성 못지않은 근육을 자랑하는 여성을 이상적이라 생각했어요. 전쟁에 필요한 물자를 만들 인력이 필요했으니까요. 정부는 여성이 사회에 나가 일하도록 독려했지요.

 덕분에 1944년, 보잉 항공사 최초로 '로지'라는 여성이 정비공으로 일하게 됐어요. '로지 더 리베터(Rosie the Riveter)'로 불리며, 미국 여

---
* **진정** 국가나 지방 자치 단체 등에 사정을 진술하고 대책을 마련해 주도록 요청하는 일이다.

생각해 볼 거리

성의 본보기가 되었지요. '리베터'는 못을 박고 죄는 기계를 말해요.

이후로도 제2의 로지가 계속 등장해 많은 여성을 공장으로 이끌었어요. 거리마다 붙은 포스터에는 "우리는 할 수 있다(We can do it)!"라는 문구와 함께, 파란색 작업복을 입은 여성의 모습이 담겨 있었지요. 그 당시 미국 사회에 필요한 건, 공장에서 기계를 돌릴 수 있는 강한 여성이었거든요. 시대와 사회 상황에 따라 요구되는 여성의 이미지가 달라진 셈이지요.

참고로 2013년 2월, 아시아나 항공사는 결국 국가 인권 위원회의 결정을 받아들여 복잡한 복장 기준을 정리하고, 여성 승무원에게도 바지 유니폼을 제공했어요. 국가 인권 위원회의 결정은 다음과 같아요.

"여성 승무원에게 바지를 입지 못하게 하는 것은 여성성에 대한 편견을 고착화시킬 우려가 있다. 치마를 입은 여성 승무원의 경우, 기내 비상 상황이 발생했을 때 승객을 보호하는 데 어려움이 있고, 다른 국내 항공사들이 여성 승무원에게도 바지를 착용할 수 있도록 한 점을 고려할 때 제한의 정도가 과하다."

근사한 어른이 될 사자에게

사자야, 안녕.

네가 이 편지를 읽는다면 넌 정말 용감하고도 똑똑한 꼬마라는 사실을 증명한 거야.

이번엔 설마 잘못 전달된 편지라는 생각은 안 하겠지? 그렇다면 많이 섭섭한걸.

네 덕분에 난 다시 재단사로 돌아왔어. 물론 잘나가는 재단사에서 진짜 잘나가는 재단사로 더 성장하긴 했지.

내가 사자 너의 옷장에 살던 게 먼 옛날 일처럼 느껴져. 때로는 비옷이 되어 함께 비를 맞고, 신발이 되어 운동장을 뛰면서 울고 웃었는데······.

사람으로 돌아오고 보니, 옷이었을 때가 훨씬 편했다는 생각이 들어. 지금처럼 일하지 않아도 먹고 살 걱정 없었는데! (아, 이건 농담인 거 알지?)

이번 편지는 힌트를 주지 않았는데도 잘 찾았네. 이 스웨터 기억나? 할머니가 사자 널 위해서 직접 만들어 주신 거잖아. 사자 너에게 가장 특별한 옷이 이 스웨터일 것 같아서 편지를 넣어 뒀어.

오랫동안 옷으로 지내면서 늘 후회했던 게 있어. 내가 숲속 친구들에게 옷을 만들어 주는 재단사였을 때 말이야. 난 한 번도 친구들에게 어떤 옷을 좋아하냐고 묻지 않았더라고. 스웨터가 필요하다고 하면 머릿속에 내가 제일 잘 만들 수 있는 스웨터를 떠올렸지.

옷이 왜 필요한지, 어떤 모양과 색깔을 좋아하는지, 가장 중요한 질문을 잊고 있었어. 친구들마다 옷을 입으려는 이유가 있었을 텐데…….

마녀도 그래서 나에게 저주를 내린 걸 거야. 마녀는 자신에게 특별한 옷을 원했지만, 나는 내게 특별한 옷을 만들어 가져다줬으니까. 제멋대로 밤하늘을 날아다니는 마녀를 상상하고, 뾰족한 모자와 빗자루에 잘 어울리는 옷을 만들었지. 생각해 보면 처음 성에 갔던 날, 마녀는 백합을 닮은 새하얀 드레스를 입고 있었는데! 사자 넌 똑똑한 꼬마니까 내 실수를 바로 알아차린 거겠지.

요즘 나는 세상에서 가장 멋진 옷을 만드는 일보다 더 큰 재미에 푹 빠졌어. 내가 만든 옷을 입고 활짝 웃는 누군가를 바라보는 일! 덕분에 재단사 일이 전보다 재밌어졌다니까. 그래서 내가 숲속에서 진짜 잘나가는 재단사로 성장하지 않았겠어?

사자야, 내가 옷에 넣어 둔 편지들을 끝까지 읽고, 답을 찾기 위해 고민해 줘서 고마워. 그리고 어려운 답을 찾아 내가 저주에서 풀려나게 해 줘서 고맙고.

　그런데 궁금한 게 하나 있어. 도대체 마녀가 말하는 '세상에서 가장 특별한 옷'은 뭐였어? 사자 너라면 저주를 풀고, 내 진짜 모습을 찾아 줄 줄 알았지만……. 막상 저주가 풀린 뒤에는 답을 몰라서 답답하더라고. 내가 만든 옷이 잘못된 건 알겠는데. 그래서 마녀는 어떤 옷을 원했던 걸까?

　혹시 마녀의 비밀이라서 알려 줄 수 없는 거야? 그럼 살짝 편지로 남겨 줘. 너무 궁금해서 며칠 동안 잠도 설쳤다고!

　편지를 어디에 남겨야 하는지는 잘 알지? 우리가 처음 만났던 옷 주머니에 살포시 넣어 둬. 그럼 내가 찾으러 갈 테니까.

　　　　　숲속의 아주 멋진 재단사네 가게에서, 사랑을 담아

참고 자료

피오니 편집부, 『그래픽 노블 Graphic Novel Issue 17. 디오르를 입은 여인』 피오니, 2016.06.
타냐 로이드 키 글, 김양미 옮김, 『청바지의 역사: 세상에서 가장 흔한 옷』 상상스쿨, 2015.
양태자, 『중세의 길거리의 문화사』 도서출판 이랑, 2015.
박정호, 『경제학을 입다 먹다 짓다』 한빛비즈, 2015.
송명견, 『옷은 사람이다』 이담북스, 2014.
김경선 글, 이경희 그림, 『미니스커트는 어떻게 세상을 바꿨을까: 만화로 읽는 20세기 패션의 역사』 부키, 2013.
후카이 아키코 글, 송수진 옮김, 『오트쿠튀르를 입은 미술사』 씨네21북스, 2013.
양태자, 『중세의 뒷골목 사랑』 도서출판 이랑, 2012.
피오나 맥도널드 글, 김현좌 옮김, 『패션을 보면 세계사가 보인다』 내인생의책, 2011.
구자현, 『쉬운 과학사』 이담북스, 2009.
한국생활사박물관 편찬위원회, 『한국생활사박물관 7: 고려생활관1』 사계절, 2002.
한국생활사박물관 편찬위원회, 『한국생활사박물관 8: 고려생활관2』 사계절, 2003.
Catherine Flood·Sarah Grant, 『Style and Satire: Fashion in Print 1777-1927』 V&A Publishing, 2014.
엘리자베스 L. 클라인 글, 윤미나 옮김, 『나는 왜 패스트패션에 열광했는가』 세종서적, 2013.
이민규, 『끌리는 사람은 1%가 다르다』 더난출판, 2005.
「전쟁지옥 피해 터키 온 시리아 아동들 노동지옥」 경향신문, 2016.10.24.
「첨단 풀장」 국제신문, 2016.08.12.
「훤히 드러내고VS꽁꽁 싸매고…비키니와 히잡」 문화일보, 2016.08.10.
「미 최초 히잡 쓴 펜싱 국가대표」 한국일보, 2016.08.09.
「김시인의 페르시아 산책 10. 날개 혹은 족쇄…히잡만으로 이란을 평하지 말라」 경향신문, 2016.07.22.
「세상은 왜 프란치스코 교황에 열광할까」 비즈니스포스트, 2014.08.13.
「똑같은 옷차림? 역대 교황들의 패션은」 한국일보, 2014.08.08.
「세계 아동 노동 반대의 날 유래 살펴보니」 여성신문, 2014.06.12.
「아시아나 여승무원 '바지 입고 싶어요'」 한국일보, 2013.02.08.
「사라진 전신수영복과 함께 세계금도 사라졌다」 문화일보, 2011.07.26.
「주경철의 문명과 바다 40. 동물 남획」 한겨레, 2008.07.04.

사진 출처

16쪽 가락바퀴 ⓒ국립중앙박물관
17쪽 누비버선 ⓒ국립민속박물관
31쪽 중세 시대의 사회적 세 신분 ⓒ위키피디아 퍼블릭 도메인
32쪽 12세기 예루살렘 지도 ⓒ위키피디아 퍼블릭 도메인
43쪽 앨리스 브렌덤의 초상화 ⓒ위키피디아 퍼블릭 도메인
60쪽 서프러제트 ⓒ위키피디아 퍼블릭 도메인